しなやかな心とキャリアの育み方

人生に*Sense of Wonder*を

Kaoru Chujo

中条 薫

クロスメディア・パブリッシング

はじめに

ワーク・ライフ・インテグレーション時代の考え方と行動のヒント

仕事もプライベートも、自分らしく楽しみたい。

仕事も家族も自分も、自分らしく大切にしたい。

本書は、そう願うあなたに、その想いをかたちにしていくための考え方と行動のヒントを贈りたいという想いで書いています。


あなたは、「ライフ・ワーク・インテグレーション」という言葉をご存じでしょうか？　まだ日本では認知度は低いものの、新しい生き方や働き方として、近年注目を集め始めている考え方です。コロナ禍の影響もあり、リモートワークが急速に増え、わたしたちの人生におけるワークとライフの境界線が薄れつつあります。働く時間だけでなく、働く場所も柔軟になってきています。働き方が大きく変わりつつあるなかで、従来の「ワーク・ライフ・バランス」に代わって、これからの時代により適した考え方が、ワーク・ライフ・インテグレーションなのです。

日本ではこれまで、仕事の比重が大きく、仕事の時間や場所の自由度が低かったことも影響して、ワークとライフを分けて考えざるを得ない状況が続いてきました。ワーク・ライフ・バランスを向上させようとしても、両者を分けて認識していることで、どちらかを大切にしようとすると、片方を犠牲にしているような気がしてしまう。例えば、「子育てをするために、仕事をする時間を制限している」「仕事で成果を上げるためには、家族と過ごす時間を削らざるを得ない」という感じです。

ワーク・ライフ・インテグレーションとは、ワークとライフを分けて考えるのではなく、共に人生の重要な構成要素として統合的に捉える概念のことです。両方を豊かにすることによって、人生をより豊かにしようという考え方なのです。これからの時代、わたしたちの仕事は、単なる従来の延長ではなく、新たなことを生みだしたり、イノベーティブな取り組みにチャレンジすることが増えていきます。求められることは、働く時間の長さではなく、アウトプットの質にシフトしていくでしょう。充実したライフから生みだされるアイディアや考え方が仕事の質を向上し、より生産性や創造性を高めていくことは想像に難くありません。その観点からも、仕事も生活も人生の一部と捉えて、相互作用によって人生全体の充実を図ることが、これからの世のなかではますます必要になっていくと思います。

わたしが、初めてワーク・ライフ・インテグレーションという考え方に触れ、実践したのは、

20年前にシリコンバレーに駐在していた時でした。働き方が大きく異なり、今、日本のわたしたちが向かっている働き方を既に取り入れていたシリコンバレーでは、多くの人たちが主体的にワークとライフを統合させて、いきいきと自分らしい生活をしていました。日本の生活と大きく異なる生き方に刺激を受け、わたし自身もそのような考え方を積極的に取り入れた生活にチャレンジしました。日本に帰国してからは、残念ながら時間や場所の制限のある日本的な働き方に戻らざるを得ませんでしたが、人生に対するその考え方を大切にし続けてきました。ですから、20年の時を経て、今、日本でワーク・ライフ・インテグレーションという考え方が広がりつつあることを嬉しく感じています。

ただし、ワーク・ライフ・インテグレーションを実践していくためには、人生に対する考え方や取り組み方を変えていくことが必要になります。なぜなら、自分の人生の選択肢が格段に増えるからです。自分は、どのように生きていきたいのか、人生のなかにどのようにワークとライフを統合していくのか、それを主体的に考え、実践していくことが求められるからです。何を拠り所にして、どのように行動していけば、自分らしいインテグレーションができるのでしょうか？

わたしが自らの経験を通じて辿り着いたのは、「しなやかに生きる」ことが自分らしいインテグレーションを実践していく鍵になるということでした。ですから、富士通でダイバーシティ推進室と連携して活動を始めた2008年頃から、わたしは、しなやかに生きることについてセミナーや講演で話をしてきました。現在、わたしは、富士通退職後に起業した株式会社SoW Insightで、神経心理学を取り入れたキャリアデザインやリーダーシップにかかわるコーチングやセミナーを提供させていただいています。いずれの時にも、「しなやかに生きる」ための考え方を盛り込んでいます。

本書では、わたしが自らの経験のなかで培ってきた、これからのワーク・ライフ・インテグレーションの時代に重要となる考え方や行動のヒントをお伝えしたいと思います。しなやかに生きるための、しなやかな心とキャリアの育み方についてです。

本書の構成は、以下のようになっています。

第1章「これからの時代を自分らしく生きるために」では、しなやかな心とキャリアとは何なのかという考え方について説明しています。

第2章「いくつもの『わたし』がくれたもの」では、わたし自身の仕事と子育ての経験から得たワーク・ライフ・インテグレーション実践に向けたヒントをお伝えしています。

第3章「シリコンバレーで学んだ『わたしを表現する方法』」では、インテグレーションに役立つ考え方や事例に加え、ポジティブに自分をアピールすることの重要性を提示しています。

第4章「富士通で得た『ともかくやってみよう』の精神」では、女性幹部としての視点で、企業のなかでしなやかに活躍するための考え方や取り組み方をお話ししています。

第5章「人生にSense of Wonderを『しなやかな心とキャリア』を育む習慣」では、しなやかな人生の土台となるSense of Wonderと自然から学ぶ感性の大切さをお伝えしています。

人生で起こる様々な出来事は、それをポジティブに受け止めるだけで、自分にとって全く異なった意味を持ち始めます。自分らしい人生を創っていけるのは自分だけです。

「大丈夫、なんとかなる」「100点でなくていい」「失敗してもやり直せばいいだけ」「ともかくやってみよう」

そのような考え方で出来事を捉え、やってみようの精神で小さな一歩を積み重ねることが、しなやかな心とキャリアを育むことに繋がります。しなやかな心とキャリアを育むことで、ひとりでも多くの方々が、仕事もプライベートも自分らしく楽しみ、仕事も家族も自分も大切にする幸せな人生を創っていくことのお役にたてれば、この上なく嬉しく思います。

中条　薫

はじめに　ワーク・ライフ・インテグレーション時代の考え方と行動のヒント……2

第1章
Be yourself in the age to come

これからの時代を自分らしく生きるために

新しい時代の始まり……19
パンデミックが変えたわたしたちの生活　19
幸せを感じることの大切さ　21
女性に対する期待の高まり　24
これからの時代を自分らしく生きるためには？　26
自分らしく生きるための、しなやかな心とキャリア……28
「しなやか」って、どんなイメージ？　28
しなやかな心って、自然の賢さに似ている！　29
自分らしさを足跡で残す「しなやかなキャリア」　32
しなやかな心とキャリアを育むうえで、大切な5つのこと……34
考え方　34

好奇心 36
意識 37
無意識 40
美意識 42
COLUMN 陰の見定め 45

第2章

The many different sides of me enrich my life

いくつもの「わたし」がくれたもの

180点満点の人生……49
いくつもの「わたし」が人生を豊かにする 49
180点満点の人生（1）――対照的な2人の女性の生き方 50
180点満点の人生（2）――出産準備は万全、育休社員第1号となる 53
180点満点の人生（3）――完璧主義を捨てて180点満点の人生へ 54
180点満点の人生（4）――長い視点で人生を観る 56
軸を持つことの強さ……58
自分の生き方にこだわりを持つ 58
〟進むべき道〟を教えてくれる「価値観」 60

人生の軸となる価値観を明確にすることであなたは強くなる 61
価値観の棚卸で人生の満足度を上げる 64
〃人生の輪〃で今の自分の人生を可視化する 66
価値観シートで明確になる自分の価値観 67

「罪悪感」を「ありがとう」に変える……70
ワーキングペアレンツとの会話で感じたこと 70
時代は変わっても罪悪感は変わらない 72
わたしもずっと持っていた罪悪感 73
「罪悪感」を「ありがとう」に変える 76
周囲に気持ちよく協力してもらえる助けられ方 78

「大丈夫、なんとかなる」は伝染する！……80
子どもとは、密度の濃い時間をつくる努力をする 80
気持ちのスイッチを切り替える 81
「大丈夫、なんとかなる」は最強のおまじない 83
笑顔が一番。そして、声に出して言葉で伝える 85

ワークとライフは分けなくていい……87
「バランス」は、捉え方が鍵 87
ワークとライフは自分でインテグレートする時代 89

COLUMN VRでアンコンシャス・バイアスへの気づきを促せるか？ 91

第3章

"The importance of expressing myself positively" that I learned in Silicon Valley

シリコンバレーで学んだ「わたしを表現する方法」

失敗してもやり直せばいい……95

失敗しても、また戻ってやり直せばいいだけ　95

鉄は熱いうちに打て！……98

素早い行動が結果を生みだす　98

でも「機が熟す」のを待ってみる　102

発言しないのは、「いない」ことと同じ　104

謙遜は美徳？……107

ポジティブな言葉を発することの大切さ　107

自分をポジティブにアピールする　109

アピール力が健全なセルフイメージをつくる　111

勉強のための英語から、コミュニケーションのための英語へ　113

みんなと同じ「正解」はない　115

シリコンバレー式「つながる力」……119
自分と異なる考えを持つ人と「つながる力」 119
ビジネスや成長に活用する「つながる力」 122
家族ぐるみで「つながる力」 124
マネる力……128
マネる＝学びの実践 128
家族と過ごす時間を大切にする 130
自分だけで頑張りすぎない 132
遊び心を忘れない……134
辛かった帰国 134
苦しい時こそ遊び心を忘れずに 135
わたしの心を支えてくれた「本の力・言葉の力」……138
わたしの心を支えてくれた「本の力」 138
The 4-E AND 1-P Framework 139
Keep looking. Don't settle. 140
COLUMN 9・11の記憶 144

第4章

The mindset of "Fortune favors the brave" at Fujitsu

富士通で得た「ともかくやってみよう」の精神

人を幸せにするものをつくる……149
富士通で培った、ものづくりの楽しさ 149
「人を幸せにするものをつくる」というわたしのパーパス 150
「ともかくやってみよう」の精神……153
「ともかくやってみよう」 153
「ともかくやってみよう」は幸せの第一因子！ 154
70％スタート 155
夢をかたちにするメソッド……158
夢をかたちに 158
夢をかたちにするメソッド 159
あなただけの「強み」の見つけ方……164
あなたの強みとまわりの強みを掛け合わせよう 164
自分の「強み」の見つけ方 166

子育てとマネジメントの共通点……168
人を育てるということ 168
褒め方と叱り方にはコツがある 170
自分の居場所は自分でつくるもの 172
居場所作りに役立つ幸せの4つの因子 176
自己決定感がポジティブマインドを生む 177
新しい仕事にチャレンジする時に心がけたいこと……179
わたしがお勧めする3つの心がけ 179
「考える」ためにインプットの質を上げる 181
自分の背中を押してみよう……184
自分で自分の背中を押してみよう 184
「経験」を得ることの大切さ 186
クリティカル・マス未満だからこそ違いが楽しめる……189
働く女性が感じる集団同調圧力 189
クリティカル・マス未満だからこその違いを楽しもう 190
リーダーは強くなくていい……193
「リーダーは強くなくてはならない」と思い込んでいませんか？ 193
「交換型」と「変革型」、2つのリーダーシップ 195

これからは、しなやかなリーダーが必要な時代 196
制度は活用したらいい ……… 198
幹部社員になって 198
制度は活用したらいい、思い切りやったらいい 200
COLUMN 人の心を揺さぶる、モノ・コト・サービスに必要とされる「美意識」 203

How to cultivate a Sense of Wonder in your life

第5章

人生にSense of Wonderを「しなやかな心とキャリア」を育む習慣

しなやかな心の土台「Sense of Wonder」……… 208
人生にSense of Wonderを 208
自然のなかに身を置くようになって 211
五感を研ぎ澄まし、美意識を育もう 213
自然の変化のサイクルから学ぼう 216
しなやかなキャリアを育む習慣 ……… 220
キャリアの8割は、予期せぬ偶発的な要素で決まる！ 220

キャリアの3レイヤーで無形資産を蓄積する 222
「機会×準備×経済力」で人生の選択肢を増やす 225
コミュニケーションの質を上げて、キャリアの質も上げる 228
メンタルリハーサルで成功体質になる 232
手書きのパワーで目標を叶えていく 234

毎日を「始まりの日」にする ……… 237

人生でやり残したことをひとつでも減らしたい 237
おまじない 241
COLUMN 仕事にも生活にも役立つ「しなやかで豊かな心を育む習慣」 243

おわりに もしあなたが心の写真展を開くとしたら―― ……… 251

カバーデザイン　齋藤稔（G-RAM）
DTP　安井智弘

第1章

これからの時代を
自分らしく生きるために

Be yourself in the age to come

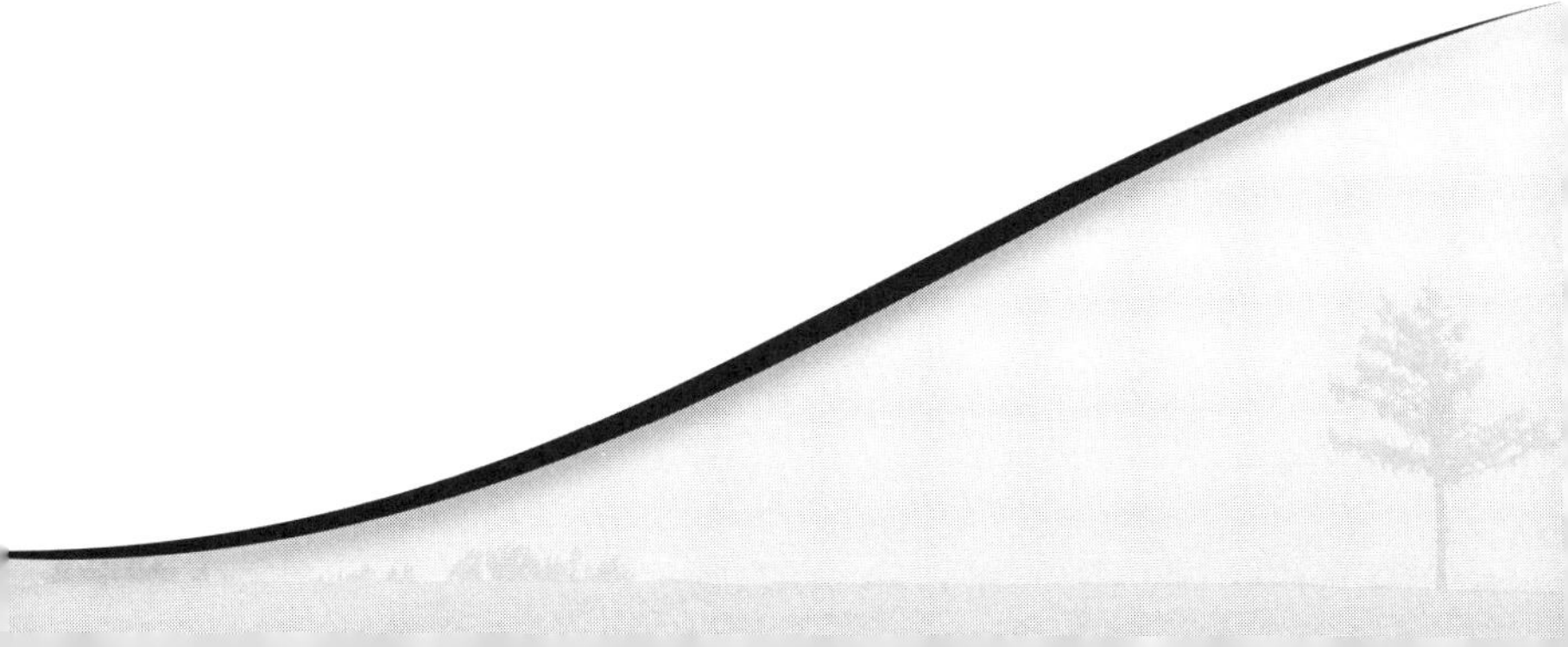

これからは、社会の固定観念や会社の軸ではなく、
自分らしい自分軸で
「自分はどうありたいのか？」を
考えていく時代。
その拠り所となるのが、しなやかな心とキャリア。

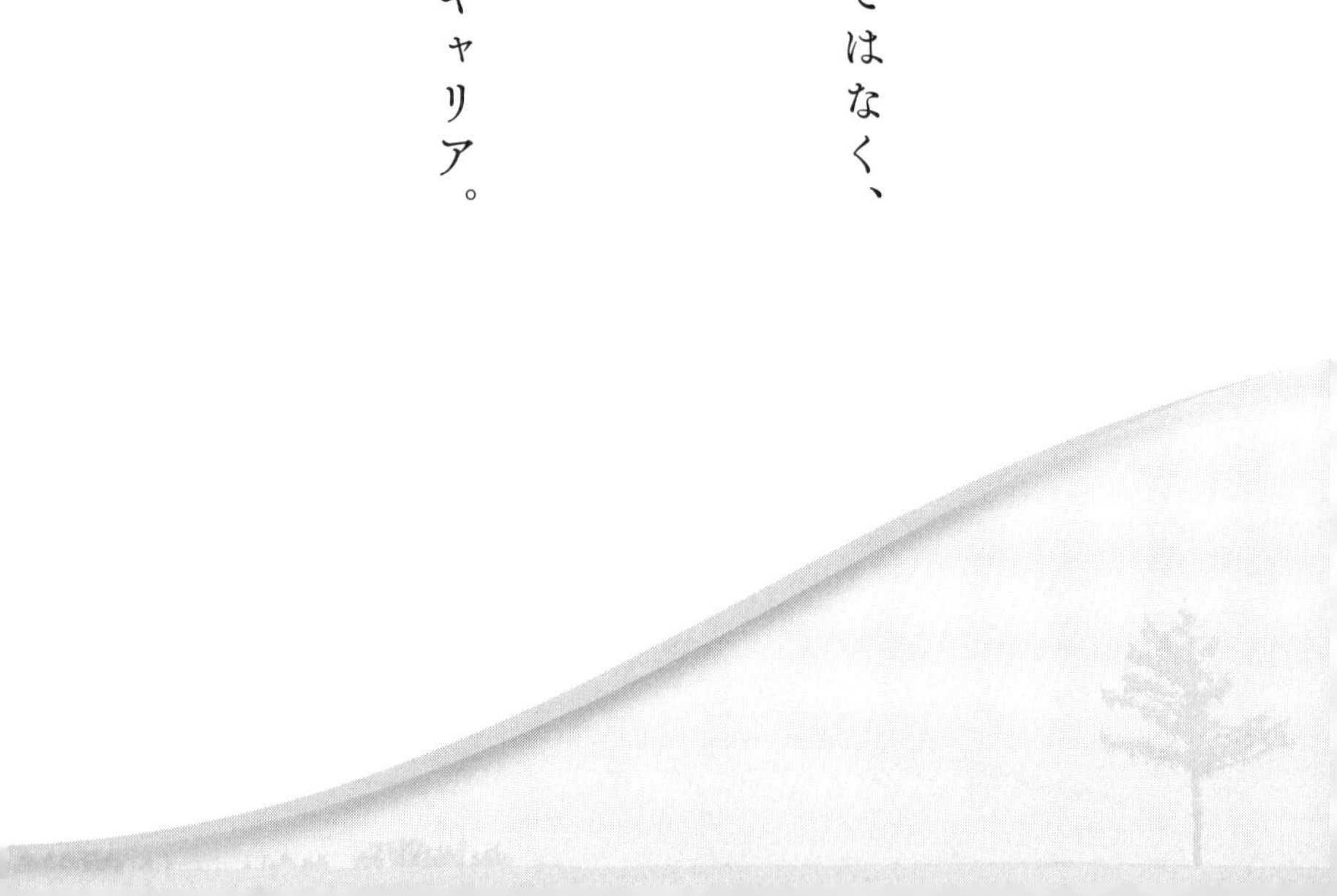

新しい時代の始まり

パンデミックが変えたわたしたちの生活

2020年1月のある朝。わたしは、いつものように5時半過ぎに起き、静かに出勤の支度をして、まだ薄暗い7時前に、見慣れた顔ぶれと一緒にバスへ乗車しました。毎朝、バスのなかから三浦半島の西海岸の海を眺める時間は、わたしのお気に入りのひと時。現役で仕事をしている間にセカンドライフの生活基盤を整えたいと考えて三浦半島に移住した、当時のわたしの通勤時間は、往復ほぼ4時間。バスも電車も座れる時間が多かったので、時間はかかるけれど、わたしはこの生活を楽しんでいました。

子どもの時から親が仕事で通勤するのを見続け、30年以上も通勤をしていたわたしにとって、通勤は、空気のような当たり前のことだと思い込んでいました。ある日突然、通勤がなくなる、できなくなるということを想像したことすらなかったように思います。それが、2020年4

月に緊急事態宣言が出され、わたしを含む多くの人の毎日の生活から、通勤がなくなったのです。移動が制限され、人と接触することまでもが躊躇される、そんなことが起こるとは、誰が予想したでしょうか？

コロナ禍は、わたしたちがあたり前だと思って生活していることでも、何かのきっかけで、あっという間に大きく変わってしまうことが起こりうる、ということをわたしたちに教えてくれました。ほぼ100年ごとに繰り返されるパンデミックは、起こりかけていた変化を加速する力を持っていると言われています。20世紀のパンデミックは、1918年に発生したスペイン風邪。この時に加速された変化は、交通網の発達や人やモノの移動の活発化でした。面白いことに、21世紀のわたしたちが経験したパンデミックは、逆に人が移動することから解放される方向に変化を起こしたのです。

今3年ぶりに対面での会合やイベントが復活されつつあり、わたしたちは、人とリアルに接する喜びを改めて感じています。でも、わたしたちの生活は、パンデミック前の2020年1月と比べると、大きく変わったのではないでしょうか？

とくに、働き方。

リモートワークが急激に浸透した結果、1週間に何日かは家で仕事をする、あるいは、たまにしか出社せずに、ほぼ毎日家で仕事をする人が増えてきているように感じます。少しずつ試行されていた「柔軟な働き方」が、今回のパンデミックにより一気に加速した最も顕著な例ではないでしょうか。仕事とプライベートな生活の両立、つまり、ワーク・ライフ・バランスが日本の社会や企業において、なかなか進まない大きな課題になっていました。それが、家で過ごす時間の一部が仕事になったことで、わたしたちのライフのなかにワークが入り込んできました。それをどのように統合していくか、つまり、**ワーク・ライフ・インテグレーション**をどう進めていくかの主導権が、会社や組織側からわたしたち一人ひとりにシフトするという変化も引き起こされたのではないかと思います。時間の配分や使い方、リアルとバーチャルの使い分け、そして、気持ちの切り替えなど、わたしたちは、新たなやり方と選択を必要とする生活に入ったと言えるのかもしれません。

幸せを感じることの大切さ

外出や人との接触が制限されたことによって家で過ごす時間が増えた結果、自分や家族について考える時間が増えたという声を多く聞きます。図らずもコロナ禍は、自分はどのように生きていきたいのか、自分は何を幸せと感じるのか、などの自分の生き方や幸せについて考えるきっかけになり、家族の大切さを改めて感じる機会を与えてくれました。

こういったわたしたち個人の変化と連動して、今、国際社会同様、日本の社会や企業でも、「幸せ」や**「ウェルビーイング（well-being）」**に対する意識が高まりつつあります。ウェルビーイングとは、身体的・精神的および社会的に良好で満たされた状態にあることを意味する概念です。嬉しいという一時的な感情であるハッピー（Happy）に対して、ウェルビーイングは、**継続的な満たされた状態**を意味しているという違いがあります。

言葉自体は、１９４６年に世界保健機関（ＷＨＯ）が設立された時からあるそうなのですが、近年になって注目を集めている背景には、コロナ禍による働き方の変化や人々の気持ちの変化も影響していると思います。

ウェルビーイングに関して、あるグローバル企業の興味深いお話があります。その企業は、世界に数十万人もの社員がいる大企業なのですが、企業が社員に「あなたにとって一番大事なものはなんですか？」というアンケートをしたそうなのです。その企業のＣＥＯは、それまで昇格や報酬にフォーカスして社員のやる気を高める努力を重ねてきたそうなのですが、アンケートの結果によってわかったのは、社員が一番大事にしているものは、昇格や報酬ではなくウェルビーイングだったというのです。

でも、日本人にとって、幸せやウェルビーイングは、簡単なことではないかもしれません。

国連が毎年、国際幸福デー（The International Day of Happiness）に世界幸福度調査（World Happiness

Report）の結果を発表しているのですが、日本のランキングは先進国で最下位です。２０２２年の世界幸福度ランキングは、フィンランドが5年連続トップで、日本は54位（２０２１年は56位）でした。

このランキングの特徴は、「幸福度」という目に見えないものを数値化して順位をつけているところにあります。主観的な幸福度に基づくランキングなので、国民性や文化的な要素に影響を受けている部分があるかもしれませんが、日本人は「人生評価／主観満足度」がとても低い結果になっています。

主観的に幸せである人が多い組織は、生産性や創造性も高いという研究結果が出されたこともあり、多くの企業や組織で幸福度やウェルビーイングを高めるための取り組みが進められています。わたしは、わたしたち一人ひとりにとっても同じことが言えると思っています。自分で自分を幸せだと感じることができ、家族や友人や一緒に仕事をしている人たちとのつながりを幸せだと思えれば、わたしたちは、自らの人生をより幸せにしていけることを意味しているのだと思うのです。ですから、これからの時代は、自分が幸せを感じる力をどのように上げていくかが、大事になっていくのではないでしょうか。

女性に対する期待の高まり

コロナ禍とは直接関連はしていませんが、女性に対する期待の高まりも、今の時代の大きな特徴だと感じています。

現在の日本の状況を端的に表すデータのひとつが、世界経済フォーラムから発表される「ジェンダー・ギャップ指数」ではないかと思います。ご存じの方も多いと思いますが、これは、教育・健康・経済・政治の各分野において世界各国の男女間の不均衡を示す指標です。最新の2022年の結果では、日本は、146カ国のうち116位、相変わらず先進7カ国（G7）で最下位と残念な結果でした。教育・健康における男女間の不均衡が極めて小さい一方で、経済と政治において大きな不均衡が解消されないことが原因となっています。経済の分野においては、指導的立場に従事する女性の割合が少ないことや賃金の男女格差が、大きな要因になっていることから、現在、とくにこの点に対して各所で様々な対策が進められています。

指導的立場に従事する女性の割合を高める施策として、現在、多くの企業や組織で女性リーダーや管理職・役員の育成が取り組まれていて、わたしも様々なかたちでかかわらせていただいています。近年、わたしが感じているのは、単に割合を高めることだけを目的とするのではなく、企業や組織を変革していくために女性の視点や能力を活かしていきたいと考え、真剣に取り組みを進めていこうとする経営層の方々が増えているということです。

ウェルビーイングが向上する活気のある社会をつくっていくためにも、イノベーションを生みだしていくためにも、**ダイバーシティ、エクイティ&インクルージョン（DE&I）**がその原動力になることは、疑う余地もありません。そして、DE&I推進の1丁目1番地にあたるのが女性の活躍を推進していくことなので、女性への期待が高まるのも当然のことだと思います。女性は、人口の半分を占めているのですから。

でも、女性に対する期待が高まる一方で、企業や組織の現場は、まだまだ手探り状態であるところも少なくありません。また、大きな期待をかけられる女性側にも戸惑いがないとは言えない状態だと感じています。実際に、リーダーシップやキャリアデザインの研修をさせていただくなかで、多くの女性の方々から、悩みを伺うことが多いのが実態です。とくに日本の社会では、ジェンダーに対する無意識の思い込み（アンコンシャス・バイアス）が各所に存在しているので、その影響も結構あります。子どもの頃から「女の子らしく」と育てられて、就職した時には、特段、リーダーや管理職になることを意識していない女性は、結構多いのです。そのようななかで、時代が急激に変化し、企業や組織から指導的立場を目指してほしいと熱い視線を向けられている。日本では、まだまだ、家事や子育ての負荷の多くは女性にかかっていますので、一体どのように家事や子育てと仕事を両立させていこうか、自分のキャリアをどのように描いていこうか、など、悩みは尽きないのです。

これからの時代を自分らしく生きるためには？

働き方が大きく変わって、ライフのなかの一部がワークになりつつあり、どうインテグレートするか、わたしたち一人ひとりの選択の自由度が高まってきています。自分自身の人生や生き方、家族や人々とのつながりを改めて実感し、自分が幸せだと感じることの大切さが増しています。そして、女性に注がれる期待は、日々高まりを見せています。

このような大きく変化する時代のなかで、自分らしく幸せに生きていくためには、何が重要になるのでしょうか。わたしは、一人ひとりが、自分の考え方や感性を大切にして、自分がどのように生きていきたいのか、自分は何を幸せだと感じるのかを明確にすること、そして、自分の軸で人生をデザインする力をつけていくことが重要だと考えています。

これまでの日本の社会では、男女の役割や振る舞いに対する固定的な考えや無意識の思い込みが強く、長くひとつの企業や組織に所属し続けるメンバーシップ型の文化が続いてきました。指導的立場は圧倒的に男性が多く、同質性の高い組織であるという、日本特有な側面が強かったと思います。でも、コロナ禍でわたしたちの働き方は大きく変化しつつあります。Z世代やミレニアル世代を中心として、自分の人生や生き方に対する価値観も多様化してきており、社

【自分らしく生きる】

会も多様性を必要としています。女性に対する期待の高まりは、今までの枠を超えて女性が活躍するための追い風と受け止め、活用していけるチャンスでもあるのではないでしょうか。

ただ、社会や組織の基準や枠組みで自分の人生を考えていればよかったこれまでの方が、窮屈な反面、ある意味で楽だったと言えるかもしれません。社会の固定観念や会社の軸ではなく、自分らしい自分の軸で「自分はどうありたいのか?」を考えていくためには、新たな拠り所となるものが必要になります。わたしは、それが、しなやかな心とキャリアなのだと考えています。

自分らしく生きるための、しなやかな心とキャリア

「しなやか」って、どんなイメージ？

あなたは、**「しなやか」**の言葉に、どのようなイメージを持っていますか？

「しなやか」という形容詞からは、さまざまなイメージを連想しますが、たとえば体操選手や、フィギュアスケーターの身のこなしのことでしょうか。

わたしは羽生結弦選手のファンなので、前回のオリンピックでの4回転アクセルや、音楽に合わせた繊細な身体の動きが、まさにそれだと感じます。足の先から手の指先まで、流れるような美しさと、しなやかさを表現していますよね。

何度も演技を見たくなるような魅力に加え、見ている側が元気をもらえる、柔軟性のあるたくましさが、彼の動きには秘められていると感じます。

あるいは、秋風になびくススキのような植物を思い浮かべる方がいらっしゃるかもしれません。

ススキは日本全国に分布していて、秋を象徴する植物として、日本の文化において重要な役割を担ってきました。穂が太陽の光に当たって銀色にたなびく姿は、何とも言えない美しさと、日本の原風景ともいえる風情を醸し出していますよね。

風を受けてしなる様子が印象的なススキですが、その茎には油分が含まれており、水をはじき耐久性に優れることから、かつては茅葺き屋根の素材に使われていました。細いながらも、実は柔軟性のあるたくましさを備えた植物なのです。

「しなやか」を構成する要素には、柔らかくしなる様子や美しさに加え、優美さを支える、柔軟性のあるたくましさが含まれています。

たおやかな風情に秘められた強靭さを、無意識に心で感じとるからこそ、人はその対象を、しなやかだと認識するのではないでしょうか。

まさに、それらの特徴は、「しなやかな心」にも通じるものだと思います。

しなやかな心って、自然の賢さに似ている！

「しなやか」とは、どのような状態を表すのかを掘り下げて考えてみると、「しなやかな心」

との共通性が浮かび上がってきます。

多様性を受け入れる柔軟性と、受け身ではなく自分主体で人生を歩むたくましさとの、柔と剛をともに備えているのが、しなやかな心ではないでしょうか。

わたしがイメージしている「しなやかな心」を、自然の賢さに喩えてお話ししてみたいと思います。

自然のなかでも、とりわけ植物の賢さはわたしの好奇心を刺激し続けてくれます。植物は自分では動けないかわりに、生き延びるために驚くほどの知恵を使い、工夫を凝らしているのです。

植物の知恵は、「しなやかな賢さと、したたかさ」に溢れています。それらを感じながら、わたしは、勇気をもらう時もあれば、慰められる時もあり、学ぶことが実に多いのです。

皆さんは、植物にとって最も大切な使命とは何だと思いますか？　それは、種を絶やさないために、生き延びることなのです。

種を絶やさないために、花を咲かせて種子を残す。自分では動けず、しゃべれず、一見か弱そうにも見える植物が、種を存続させるための知恵を使い、工夫を凝らしているなんて、人はほとんど意識すらしていないのではないでしょうか？　わたしも自然に興味を持ち、植物に好奇心を抱くまでは、そのような生存戦略については、あまり考えたことはありませんでした。

植物は、最も重要な「種を絶やさないために、花を咲かせて種子を残す」ことを自分のなかに「守るべき軸」として位置づけ、その他は環境に合わせて、とても柔軟に自身を変えながら生きているのです。環境を受け入れ、環境に合わせて自分を変えているのです。

たとえば、樹木は同じ種類でも環境によっては大木にもなるし、小さな木のままでもいることもできます。日の光を得ようとして、枝を縦に伸ばすだけでなく、横に伸ばしたり、斜めに伸ばしたりもします。草花がつぼみを開く時も、物凄い勢いで花を目立たせようと、茎が伸びたりします。

さらに、人に踏まれながら暮らしている雑草も「しなやかな賢さとしたたかさ」を持っているのです。雑草の一部には、わざわざ人通りの多い場所に生えて、歩く人に踏まれることで、靴の裏に種をくっつけて遠くに運んでもらおうと、知恵を働かせる種類もあるくらいです。

ところで、雑草には、「踏まれても、踏まれても、立ち上がる強さがある」というイメージを持っていませんか？　それ、人の思い込みなんです。

雑草は、人に何度も踏まれたら、立ち上がらなくなるそうです。

なぜなら、雑草にとって、「何度踏まれても立ち上がる」なんていうのは意味のない行動だから、そんな無駄なことにはエネルギーを使わないらしいのです。

踏まれたままでもいいと考え、踏まれたままで花を咲かせ、踏まれたままで種子を残す。わたしたちも時には、こういった賢さや、したたかさを取り入れることで、自分らしくしなやかに生きられるような気がします。わたしが考える「しなやかな心」って、まさにこういった心なのです。

自分らしさを足跡で残す「しなやかなキャリア」

日本語の「キャリア」という文字をみると、なんだか、立派な職歴や業績が並んでいるものを意味するような気がしませんか。わたしは、それも思い込みに影響されたイメージなのではないかと思っています。

「キャリア」という言葉は、ラテン語の車輪のついた乗り物向けの車道（carraria）、そして、英語の馬車（carriage）の轍《わだち》が語源だと言われています。そこから、比喩的に職業や人生の経歴などを意味するようになったそうなのです。ですから、「キャリア」を単に仕事の経歴として捉えるのではなく、わたしたちの人生における仕事や仕事以外で打ち込む取り組み、そして、その取り組みを通じて人生に刻みつけていく轍＝足跡として広く柔軟に考える方が、これからの時代に合った考え方ではないかと思います。

人生100年、これからのわたしたちの人生には、定年という概念はなくなっていくのではないでしょうか？　生きることは、自分のやりがいを創り続けていくことであり、できるだけ長く自分にとって意味のあること・価値のあることをし続けられることが、自分らしい**「しなやかなキャリア」**なのではないかと思います。それは決して、一直線ではなく、むしろ、人生に様々なステージと選択肢を蓄えながら刻んでいく足跡かもしれません。

キャリアの捉え方は、全員違うのがあたり前です。働き方も幸せの感じ方も多様化していきます。キャリアも多様化していくことでしょう。人生のその時々のステージや環境によって、「自分がどうありたいのか？」は変わっていきます。仕事が面白くてのめり込む時期もあれば、家庭とプライベートな生活と仕事のバランスを取りたい時もある。子育てに専念したい期間もあるでしょうし、仕事をしながら親の介護を乗り切っていくことが必要な時期もあるでしょう。一直線に頑張り続けることだけが解ではなくて、その時々に合った力の入れ方や成長の仕方をしていくことが、「しなやかなキャリア」を創ることだとわたしは思います。そして、そこから、自分らしい幸せを感じ、生み出していければ、それが社会や企業や組織を元気にしていく原動力になっていくのではないかと思います。

しなやかな心とキャリアを育むうえで、大切な5つのこと

考え方

しなやかな心とキャリアを育むうえで、大切にするべき5つのことについて、お話ししたいと思います。1つ目は、「考え方」です。

「考えが言葉になり、言葉は行動に、行動は習慣に、習慣が人格になり、人格は運命を形づくる」これは、イギリスのサッチャー元首相が、よく言われていた言葉です。

わたしは自分流に、「考え方とマインドセットがすべてを創る」と解釈して、この言葉を大切にしています。

ところで、あなたは1日のうちで、自分が何回くらい考えごとをしているかを知っていますか。こう尋ねられたとしても、おそらく大半の方は、正確な回数を、とっさには思いつかない

【考え方がすべてを創る】

でしょう。

アメリカで行われた「考え」に関する、興味深い心理学の研究があります。その研究によると、人間は1日に6万回も無意識に考えごとをして、3万回も選択をしているそうなのです。1日を秒に換算すると8万6400秒になりますので、何と人間は1日の大半の時間を、考えごとに費やしていることになります。

さらに興味深いのは、6万回の考えごとの、95%は昨日と同じもので、そのうちの80%はネガティブな考えだという結果が示されました。

この結果によると、自分の持つ考えがネガティブな場合には、考えに従って導き出される選択までもが否定的なものになります。これは衝撃的な事実ではないでしょうか。

サッチャー元首相の格言にあるように、「何を、どのように考えるか」という自分の意識を向ける方向が、人生の重要な鍵を握るといえます。

ポジティブな方向や自分がありたい方向へ、自分の考え方を意図的に持っていくことで、自分自身のエネルギーは、その方向へ流れだします。そして、そのエネルギーが、自分らしい、幸せな人生とキャリアを創りだす、源になるとわたしは思っています。

好奇心

2つ目は、「好奇心」です。

2021年にノーベル賞を受賞された真鍋淑郎《まなべしゅくろう》氏が、何度も口にされた言葉は、「好奇心」でした。しなやかな心を育み、キャリアを積み重ねていくためには、好奇心が欠かせません。

わたしは、好奇心とは人生における、最強のビタミン剤だと考えています。


人が好奇心を持ち続ける秘訣には、次のようなものがあります。

・自分の脳を安定させすぎずに、「どうして?」と疑問が湧く空白を脳内につくる
わたしたちの脳はわからない状態を嫌い、答えの出ない状態に置かれると、答えを見つけるまで無意識に答えを探し続ける特質を持っています。この特質を上手く活用し、自分によい質問を投げかける習慣を持つことが、自分の脳を上手く働かせ、好奇心の育成につながります。

・わくわくする

人間の本能は生存確率を高めるために、安心・安全を求めます。そして、脳も同様に、危険や痛みなどの不快を避け、快を求める特質があります。そのため、物事に取りくむ時には、同じ出来事でも快につなげる思考や行動を自分が選択するように心がけると、脳を高いレベルで働かせることができます。

日本人は、とかく、辛くても頑張ることが美徳のように感じてしまいがちですが、物事を辛いと思いながら頑張るのは、実は非効率なやり方なのです。

脳の特質を意図的に活かして、身の回りの出来事に、わくわくを感じられるように脳を快さに結びつけることが、好奇心を抱くことにつながります。

意識

3つ目は、「意識」です。

わたしたち人間は、自分が認識している「意識」と認識していない「無意識」を持っています。まずは、この「意識」についてですが、「意識」が自分の行動や能力に与える影響のしく

【意識における5つのレベル】

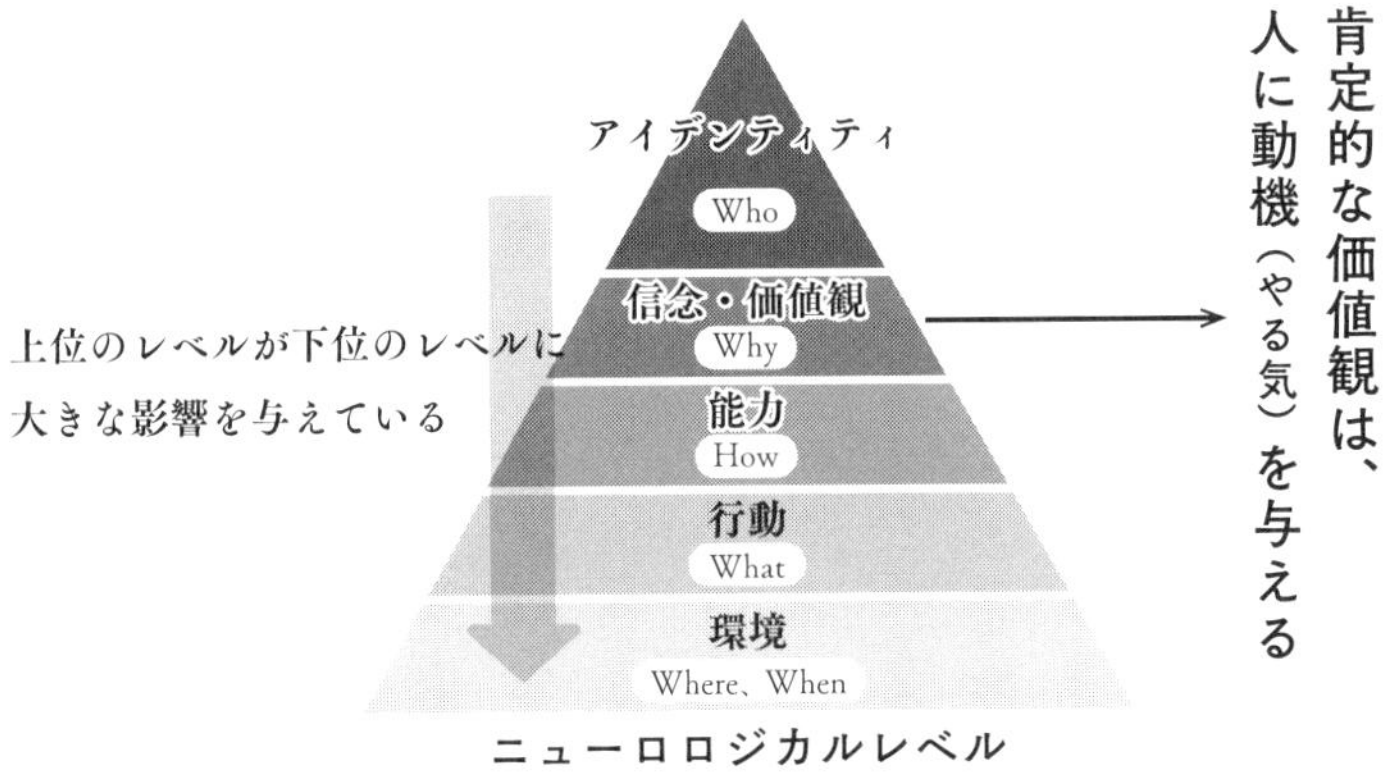

ニューロロジカルレベルとは、NLPのトレーナーであるロバート・ディルツ氏が体系化した理論で、「意識のレベル」に関する研究です

みを知っていることは、しなやかな心とキャリアを育むうえで、とても役に立ちます。

わたしがコーチングで使っている神経心理学（NLP）で用いている「ニューロロジカルレベル」を使ってご説明したいと思います。「ニューロロジカルレベル」とは、NLPのトレーナーであるロバート・ディルツ氏が体系化した理論で、意識を5つのレベルで示しています。

5つのレベルについて、コーチングで、わたしはよくこんな風に説明しています。

〝あなたが立っているすがたを想像してください。あなたの足が地面についているその場所が、一番下の「環境」。人は足で行動するので、その上が「行動」。手を動かして能力やスキルを習得するので、その上が「能力」。その上にある心のレベルが、「信念・価値観」。

そして、一番上にあるのが、あなたの顔や脳の位置にあたる「アイデンティティ」です。〃
ここで重要なのは、上位のレベルが下位のレベルに大きな影響を与えるということなのです。とくに、肯定的な価値観は、人に動機（やる気）を与え、行動を促すのです。

たとえば、あなたが、リーダーシップを発揮して活躍するリーダーになるためのアクションを起こすとしましょう。

その際、いきなりリーダーシップの知識を身につけようと行動を起こしても、リーダーに対するネガティブな価値観を持っていたら、スムースにはいきません。リーダーシップを磨くことを避けて他の物事に時間を割くかもしれませんし、壁にぶつかって挫折してしまうかもしれません。

そのような事態を招かないよう、最初のアクションとしてお勧めするのは、「リーダーになること」に対する、肯定的な信念や価値観を先に持つことなのです。

「リーダーシップを発揮して活躍するリーダーになって社会課題の解決に貢献しよう。そうすることでわたしの人生は豊かになる」という価値観を、行動する前に持ったとしましょう。

そういった信念や価値観を事前に持っておくと、あなたの行動には違いが表れます。

自ら社会課題に取り組む人たちが集まるコミュニティ（環境）に興味を持ち、積極的に参加（行動）して楽しみながら、リーダーシップ関連のスキル（能力）をどんどん身につけていくことでしょう。

もったいないことに、多くの人は、意識のレベルと、それが及ぼす影響の関連性には気づいていないのです。でも、意識に5つのレベルがあることを知って、自分がどのような信念や価値観を持っていて、それがどのような現実（能力や行動や環境）をつくり出しているのかという視点を持つことが、自己認識を深めることにつながるのです。

無意識

4つ目は、「無意識」です。

NLPでは、人の脳をコンピュータのソフトウェアに喩えて、無意識をOS、意識をアプリとみなす考え方を示しています。そして、意識は言語をベースとしたアプリであって、一方のOSに相当する無意識は、その人が小さい時から積み重ねてきた経験によってつくられた感情をベースとしたプログラムであるという解釈をしています。

人は全ての情報を、五感を通じて脳に伝えますが、五感が脳に伝える情報量は、なんと、毎秒1100万ビットもあると言われています。でも人間が扱うことのできる情報量は、毎秒16から50ビット程度なので、OSに相当する無意識のなかにあるプログラムが、ごく一部の情報のみを選択して情報量を大きく減少させていると考えられています。

【意識と無意識】

毎秒1100万ビットもある情報を、無意識のなかで毎秒16から50ビット程度に削減するということは、ほとんどの情報は意識に届かないということになります。

わたしたちは現実の世界にいながら、現実の情報のなかから自分の無意識が選択した、ごく一部の情報を受け取って生きているのです。ですから、その情報の選択の仕方で、世界は全く異なって見えますし、感じられるようになります。

情報を選択する無意識にあるプログラムは、自分の心の状態に左右されます。自分がポジティブで物事を肯定的に捉える心の状態であれば、そのポジティブなプログラムが情報を選択するので、選択された情報もポジティブなものになります。自分が知覚するものは、自分の心の状態が投影された情報といえるのです。

美意識

5つ目は、美意識です。

わたしは、意識と無意識に「美意識」を加えた、3つの意識が、しなやかな心とキャリアを育むことに深く関係すると考えています。

なぜ美意識が大切なのか？

そこには、2つの理由があります。ひとつは、感性を豊かにしていくことが、ますます重要になっているなかで、美意識を育てることがその鍵になるからです。**わたしたちの幸せややりがいは、物質的なモノから、主観的な自分が感じるコトに変わってきています。**幸せややりがいを増やしていくためには、感性を豊かにして、感じる力をつけていくことが必要なのです。

美意識を育てるためには、美しいものに触れる機会を増やして、そこから、頭だけではなく心で美しさを感じることが大切だと思います。美意識を育てる手法について、京都の西陣織の織屋「細尾」の細尾真孝氏が、著書『日本の美意識で世界初に挑む』のなかで説明しています。わたしは、細尾氏の説明のなかでとくに、「美の型を知る」と「美を体験する」という考えに共感しています。

【3つの意識】

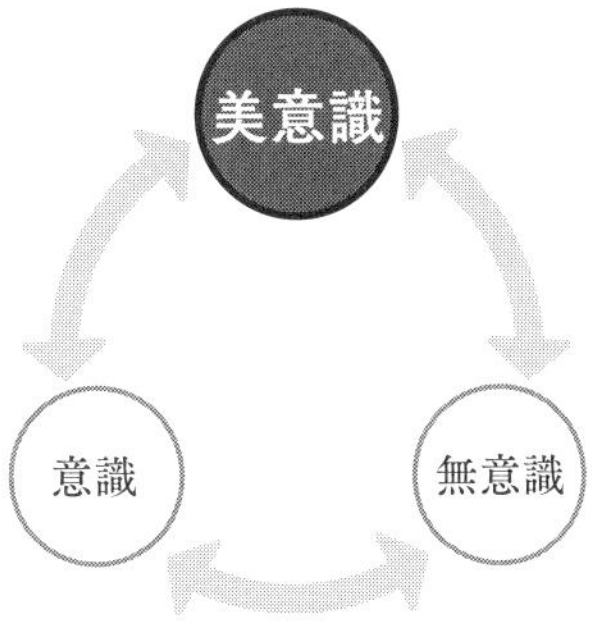

わたしは、10代の終わりから今に至るまで生け花を続けています。生け花の守るべきルールや考え方、つまり、生け花の型を学ぶことで、植物の美しさを最大限に引き出す視点や考え方、個々の花材を活かして新たな空間を創りだす創造性などの美意識を培う基礎が身についたように思います。その視点や感性は、生け花だけではなく、ガーデニングにも仕事にも活かせるものなのです。そして、美を体験することとして、わたしが一番好んで行うのは自然のなかに身を置いて、自然の美しさや神秘さに触れることなのですが、人によっては、美術館に行ったり、美しいものを写真で撮る、などを好むかたもいらっしゃるでしょう。

もうひとつの理由は、自分のなかで正しいと思えることや物事を判断するための拠り所となる感性や倫理観を養うことに美意識が役立つからです。これからの時代、わたしたちの生活のいたるところにAIが活用されていくことは疑う余地がありません。既に、インターネット上の情報にアクセスする際や、銀行からの融資や企業の採用試験など、身近なところでのAI活用が進んでいます。自動運転などを含めて、今後、ますます増加していくことでしょう。わたしたちは、自分の個人情報やデータが正しく扱われているのか、自分が知らない間に不利益を被っていることはないのか、逆に仕事で提供しているサービスがお客様を不当に扱ってしまっていることがないか、などについてこれまで以上に意識を向ける必要があります。なぜなら、AIを始めとするテクノロジーは進化のスピードが速く、また、進化途上であることから、従来の法律や常識だけではカバーしきれないことが発生する可能性があるからなのです。わたしたち一人ひとりが、自分自身で、何が人としてあるべき姿なのかを見極める眼を養うことが大切なのです。

なお、美意識を育てることが、倫理感を養うことにつながることは、「美」に対する人の感覚と脳のしくみとの関係を解明する、神経美学（neuroaesthetics）の研究で証明され始めています。研究によると、人が美を感じる時の脳の活動状態は、人の倫理的感情に関する脳の働きと共通していることが判明したそうなのです。ますますデジタルな時代になっていくからこそ、わたしたちには、アナログな美意識が重要になっていくのでしょう。

陰の見定め

わたしが好きな園芸家に、ポール・スミザー氏(Paul Smither)がいます。スミザー氏はイギリス生まれで、英国王立園芸協会ウィズリーガーデンで園芸学とデザインを学ばれ、日本の豊富な原生植物に魅了されて来日されました。

その土地の風土や歴史、環境条件に合う植物や材料を基本にして、人にも自然の生態系にもやさしい、持続可能な環境づくりを目指しているところが素晴らしいと思っています。

スミザー氏が園芸について語られた言葉を聞いて、わたしがいつも感心させられるのは、その想いや考え方が、人間にもそのまま当てはまると思える、本質を突いた内容であることです。

スミザー氏の言葉に触れるたびに、やはり植物を育てるのは、生き物に共通する、大切な自然の摂理を学ぶことなのだ、と感じます。

スミザー氏は、ある時、こう言いました。

「植物を植える時に一番大切なことは、『陰の見定め』だ」

「植物には、日向を好む植物もあれば、日陰を好む植物もある。木漏れ日の環境が最適な植物もある。その性質を理解して、植物が好む環境に植えることが何よりも大切。日陰を好む植物を日向に植えたら、植物にとっては拷問と一緒」

これは人間に対しても、全く同じことが言えるのではないでしょうか。

どのような環境に身を置くことが、自分にとって最も幸せと感じるのか？

自分に対する『陰の見定め』は、自分らしいしなやかな人生を創るうえで、とても重要なポイントのひとつだと思います。

陽が当たるポジションや、陽が当たる仕事ってあるけれど、必ずしもすべての人にとって居心地がいいとは限らない。全員が日向を好むわけでもないと思います。

わたしは、人それぞれが、自分に合った日当たりや陰を知り、自分に合った陽だまりを見つけることが、幸せにつながるのだと感じます。

そして、自分に合った陽だまりを見つけるためには、自分の気持ちに意識を向けて、自分の感情に気づくことが何よりも大切だと思います。

第2章

いくつもの「わたし」がくれたもの

The many different sides of me enrich my life

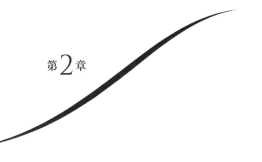

１００点でなくていい。
母、妻、社会人、その３つの役割で
たとえそれぞれが60点だとしても
足したら１８０点になる。
それでいいじゃないか。

180点満点の人生

いくつもの「わたし」が人生を豊かにする

母として、妻として、社会人として、そして自分自身として。

わたしの立場や環境が変わるたびに、**それぞれの「わたし」**として振る舞う時の、意識や行動も少しずつ違ってきます。

それぞれで接する情報や出会う人たちが異なることで、**いくつもの「わたし」**が生まれ、わたしの人生を豊かにしてくれるのです。

仕事で苦しい時にも、子どもや家族に接して違う「わたし」になれたことで、どれほど心が救われたことでしょう。

子どもや夫との時間を通じて、仕事のストレスが解消されたり、時には新しい仕事のアイデアのヒントを得たりしてきました。いくつもの「わたし」を持つことで得られる幸せを、わたしはずっと感じてきたように思います。

そして、いつも、その根底には、それぞれの「わたし」は決して100点でなくてもいい、それぞれが60点でも、いくつもの「わたし」の合計で100点以上の人生を創っていくのだから、という心の基軸（価値観）がありました。

180点満点の人生（1）——
対照的な2人の女性の生き方

あなたは、いくつの「わたし」を持っているでしょうか？

母として、妻として、社会人として、そして自分自身として、わたしが愛するいくつもの「わたし」。

富士通で働き続けるなかで、わたしにとって、いくつもの「わたし」を持っていることが心の支えであり、心のバランスを取るうえで大きな意味を持っていました。

でも、最初からそう思っていたわけではなく、ある大きなきっかけとなる出来事がありました。

ここで、いくつもの「わたし」が生まれた経緯をお話ししたいと思います。

【いくつもの「わたし」】

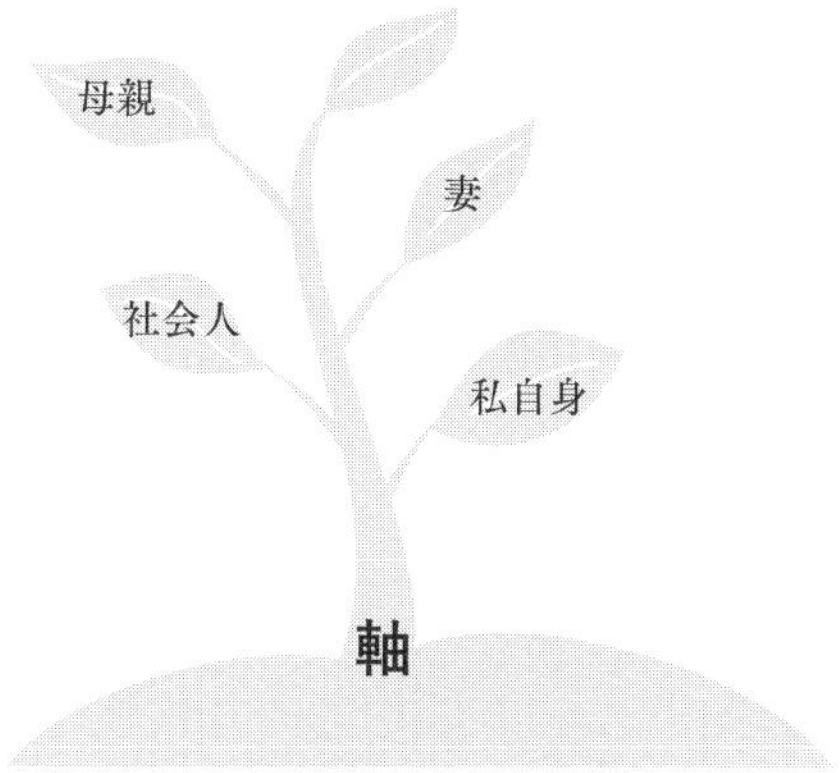

わたしにとって、仕事をし続けようと考えることは自然なことでした。

それには、身近な2人の女性の生き方が影響していたと思います。

ひとりは、母の姿。

高度経済成長期の昭和の家庭では、夫は仕事一筋、家事や子育ては妻の仕事というのが普通で、会社を経営していた父も仕事一筋でした。帰宅も遅く、平日に父と一緒に夕飯を食べた記憶はほとんどありません。

父だけ遅い時間に夕飯を食べていましたが、母は必ず父のそばで給仕をし、子どもたちよりも1品多くおかずを出していました。

家事・子育ては、すべて母の仕事でした。

仕事で忙しい父の手を煩わせないよう、10歳以上年齢差のある4人の子どもの子育てを、母は一手に引き受けていました。

でも母は、長年家事ばかりをしている状況を、時折長女であるわたしに嘆いていました。その様子を間近で見ていたわたしは、自分は同じようにはなりたくないと、無意識に強く感じていたのかもしれません。


もうひとりは、中学・高校で大好きだった木村校長先生。

母校の桜蔭学園は、お茶の水女子大学のOB会である桜蔭会が創設した学校で、当時は教員の95%は女性の先生でした。わたしは、時折着物をお召しになる、上品で優しい雰囲気を漂わせている木村校長先生が、とても好きでした。


木村校長先生は、「これからの女性は仕事を持って、社会に貢献していくべきです」と仰っていらして、その教えがわたしのルーツになりました。素敵な先生の言葉だから、きっと素直に心に沁み込んだのだと思います。

この2人の影響もあって、わたしは38年の間、富士通で仕事をしてこられました。振り返ってみると、あっという間だった気がします。

180点満点の人生（2）——

出産準備は万全、育休社員第1号となる

社会人になり、仕事を通じて出会った夫と結婚したわたしは、結婚後しばらくして、富士通でフルタイムの仕事をしながら、子育てをするための環境を整えることを考えはじめました。残業の多い職場であったこともあり、保育園だけでは対応しきれない事態は、十分予想されました。さらに、足が悪かった実家の母に育児を頼るのは難しかったので、自宅近くに、信頼できるベビーシッターさんを確保する必要がありました。

育児に最適な環境を必死で探し、実家のある私鉄沿線に、その条件が整う住まいを見つけました。候補のマンションから徒歩5分の場所には認可保育園があり、園の紹介で、保育園から徒歩2分のところに住んでいらした、元幼稚園の先生のベビーシッターさんとも出会えたのです。

子どもの預け先を確保した段階でわたしたちはマンションを購入、引っ越しをしました。

その翌年、第1子を出産しました。幸いなことに、わたしが長男を出産した年に富士通で育児休職制度がスタート。わたしは部門で制度を利用した、第1号になりました。

180点満点の人生(3)——
完璧主義を捨てて180点満点の人生へ

育児休職中に子どもと密に過ごす毎日は、わたしにとっては至福の時でした。赤ちゃんを持つお母さん同士が知り合いになる、公園デビューもしました。

富士通研究所の研究者であった夫は、当時の富士通社員の例に漏れず、毎日帰宅が遅かったので、核家族のわたしは連日、ほぼ子どもと2人きりの濃密な生活を送っていました。

そんな日々が続くうちに、わたしは、どんどん息子と離れられない精神状態になっていったのです。

我が子が可愛くて、可愛くて、こんないたいけな子どもを他人に預けて仕事に復帰するのは、母親失格なのではないか……。そう思い詰めるようになりました。

もちろん仕事はしたい。でも、こんな状態では復帰したとしても、母、妻、社会人として、そのどれもが中途半端になってしまうのではないか。相当悩んで、一度は本気で仕事を辞めることを決意しました。

この時に辞めずに済んだのは、夫がかけてくれた言葉のおかげでした。夫が、「180点満点」という、考え方を示してくれたのです。

子育ても、仕事も、妻としても、すべてにおいて100点を目指したいというわたしに、

「100点でなくていい。母、妻、社会人、その3つの役割で、たとえそれぞれが60点だとしても、足したら180点になるじゃないか。100点満点を超えている。それでいいじゃないか」

そう、夫が言ってくれたのです。

この言葉に背中を押され、わたしは意を決して会社に戻りました。それが、結果としてはよかったのです。

出産した翌年の4月から子どもを認可保育園に預け始め、慣らし保育期間を経て、4月中に職場復帰しました。子どもを保育園とベビーシッターさんに預けながら働く生活が軌道に乗ってくると、わたしは夫に心から感謝しました。今のわたしの人生があるのは、この言葉のおかげです。

「180点満点」の言葉と考え方は、その後のわたしの人生の大切な軸になりました。

180点満点の人生（4）——
長い視点で人生を観る

2人目の出産には、あまり悩みませんでした。1人目の時にできたことは、絶対に2人目もなんとかなるだろうと思えたからです。ただ、母親のわたしの働く時間が長いので、ベビーシッターさんにはとてもお世話になりました。

ベビーシッターさんには保育園のお迎えを16時半頃にお願いし、残業を終えたわたしが迎えにいくまで、その方のお宅で子どもたちは、我が家にいるように過ごさせていただきました。

二重保育で金銭面での負担はありました。でも、親としてとても安心して働くことができました。そのシッターさんがいなければ、働き続けることは難しかったでしょう。

当時のわたしは、安心して働き続けられる環境を確保することを最優先に考えていました。短期的な金銭面だけで考えるとマイナスであっても、自分が一番大切だと思う子どもたちにとっての安全性と、長い目で見て自分自身に経済力をつけることができれば人生全体で観るとプラスになるだろうと考えたのです。

わたしたちは目先の問題に囚われがちですが、「今、わたしにとって何が一番大切なのか」

ということに加えて、人生を今という点だけで捉えずに、できるだけ長い視点で観ることが大切ではないでしょうか。

わたし自身は、いくつもの「わたし」を持つことが救いにもなり、人生を豊かにもしてくれました。

すべての面で自分の思う100点は取れなくても、それでいいんだと考えてこられたのが幸せだったと思います。

軸を持つことの強さ

自分の生き方にこだわりを持つ

人生において、あなたは何を幸せと感じますか。あなたの生き方には、こだわりはありますか。

わたしは自分の生き方にこだわりを持つことを、とても大切にしてきました。ここで言うこだわりとは、価値観や自分が幸せを感じる拠り所となる、自分の軸を指します。

人生において自分は何を幸せと感じるのか。

世間一般でよしとされる普通の幸せではなく、自分らしい幸せとは何かを求め、自分の軸を意識しながら生きてきました。

わたしにとって重要だったのは、１８０点満点でも触れた「いくつものわたし」を持つことでした。

自分には、パートナーと子どもがいて、仕事もある。

それがわたしの幸せの源泉であり、軸の中心でもあったのです。

ある一部分だけを見ると、そこには当然、でこぼこや大変な面もあったりしましたが、自分に、家族と仕事が常に存在している幸せを噛みしめていました。

人生の比較的早い段階で、わたしがこのような価値観を持てたのは、夫からの助言に加えて、わたしよりも年上の働く女性たちの人生を、間近で見る機会があったからです。

富士通に入社して最初の配属先の上司は、わたしより10歳ぐらい年上の女性でした。上司からは優しく指導をしていただき、働く環境には非常に恵まれていたと思います。けれども入社後数年が経った頃から、女性の働き方について疑問を感じるようになりました。

1980年代の日本の企業では、管理職を目指す女性のなかには、未婚でいるか、結婚しても管理職になるまでは、子どもを産むのを控える選択をする人が多くいました。

富士通でも、先輩方のなかには仕事を優先させるために、子どもを産むのを我慢される方もいました。

でも、わたしは、その現実に違和感を覚えたのです。

たとえ欲張りであってもわたし自身は、もう少し自然な形で結婚と出産をしてから、管理職の立場で仕事をしてみたい。

大切なものを我慢したり諦めたりせずに、人生全体のバランスをとりながら、自分の希望を叶える生き方を実現してみたいと考えたのです。

これもわたし流の、こだわりだったと思っています。

〝進むべき道〟を教えてくれる「価値観」

自分は何を幸せに思うのかを突き詰めると、「価値観」にたどり着くのではないでしょうか。

価値観はわたしたちが何を大切にするかの考え方であり、意義のある人生を送るためには絶対欠かせないものです。

時折、自分の価値観を思い出し、自分の取ろうとしている行動と照らし合わせてみることには、とても意味があるのです。

でも、自分にとって大切な価値観を、よくわかっていない人は珍しくありません。

確かに普段の生活のなかでは、あえて価値観を意識するような機会は、さほど多くはないかもしれません。ただ、些細なことかもしれませんが、わたしの経験上、自分のとった言動を後悔するのは、大体は自分の軸である価値観から、ずれている時だったりするのです。

誰にでも心穏やかには過ごせない時があるように、わたしの人生にも心に波風の立つ出来事はありました。でも、そのたびに、落ち込んだり、迷ったりしながらも、自分の軸を思い出しては、軸へ戻ることをしていました。

その繰り返しが、自分らしい幸せな人生を創れた秘訣だと思っています。

価値観は、自分の〝進むべき道〟を教えてくれます。

それだけに、自分の持つ価値観を、あやふやなままで放置せず、明確に理解しておくべきだとわたしは考えています。

人生の軸となる価値観を明確にすることであなたは強くなる

みんながそうしているとか、他の人が手に入れているからではなく、「単に欲しいもの」でもなく、**「わたしが本当に欲しいもの」とは何か？**を考えてみたことはありますか。

この質問に答えるためには、自分の人生において最も重要な価値観とは何かを、何度も自分に問いかける必要があるでしょう。

価値観は個人の存在理由にも紐づいていて、自分の大切な価値観が満たされていることを実感できると、人生の満足度も上がるといわれます。

一方で、価値観の満たされない期間が続くと、体調も悪くなるそうです。このことは、個人の生活に及ぼす価値観の影響の強さを物語っています。

ですからなおのこと、自分が心の底から求めている、譲れない価値観について、深く掘り下げていただきたいと思うのです。人生には仕事、家族、経済力、人間関係など、重要な側面があります。

すべてが平均点以上をキープしているからといって、人が幸せを感じるとは限りません。あらゆる側面を満たそうとするよりも、むしろ、本当に大事なところ、自分の価値観に強く結びついている側面を外さない方が、人生の満足度は高くなるのではないでしょうか。

自分が重視するところは100点に近づけるにしても、それほどでもないところは完璧を求めずに、不出来であっても大目にみる。

たとえ人並以下の側面があろうと、他人から変だと指摘されようと、「わたしはこれでいいんだ」と自分が納得できれば、それが自分の幸せに通じるとわたしは思います。

ただし、自分に最も重要な価値観を知る過程で、摩擦や葛藤が生じることもあります。

わたしの経験をお話しすると、夫に海外赴任の話が出た時期と重なって、わたしにも管理職への昇進の話が持ち上がった出来事がありました。

昇進をあきらめて夫の海外赴任に家族で同行するか、それとも子どもたちと日本に残って管理職の道を選ぶか。わたしは決断を迫られました。

仕事を選んで夫に単身赴任をしてもらうとなれば、家族が1000日以上も離れて暮らさなければなりません。

もしそれで何かあったら自分は一生後悔する、とその時思いました。

一晩寝ずに夫とも話し合い、わたしが出した結論は、キャリアよりも大切な価値観、「家族一緒に暮らす」を優先することでした。その時点で、わたし自身のキャリアは諦めたのです。

この話の続きは他の章でお伝えするとして、人には、自分が本当に手に入れたいものを得たり、守ったりするために、何かしらの犠牲を払わなければならないことが起こることもあると思います。

でも、その時の我慢や犠牲は、自分の価値観を貫いて生きるための、前向きな選択ともいえるのではないでしょうか。

さらには、その葛藤を通じて、価値観は一層明らかになり、人はより強く人生を歩んでいけるように思います。

価値観の棚卸で人生の満足度を上げる

人生で〝進むべき道〟を教えてくれる価値観。

ただし、人が持つ価値観は、永遠に同じではありません。自分にとってインパクトのある体験をすると、その都度、大切な価値観は移り変わっていくのです。

大病を患ったら健康が一番大事だと思い、結婚をしたら友達よりも家族が優先になる。人生のライフステージが変わると、それまでは気にかけていなかった価値観に気づいたり、優先順位が上下したりします。

たとえばわたしの場合では、最初に自分の価値観が変わったのは、富士通に入社して数年が経った頃でした。チームで成果を出す経験を重ねるうちに、仕事でのやりがいや成長が、いかに自分にとって重要であるかを自覚するようになったのです。

自分の考えや方向性を組織のなかで形にして、自分ひとりではできないことをチームで実現していくことや管理職になることに魅力を感じるようになり、入社時には考えてもいなかったキャリア形成を意識するようになりました。

次に経験した価値観の変化は、子どもが欲しいと思うようになったことです。実は結婚前は、あまり子どもに興味がありませんでした。それが、結婚後ある程度の時間が過ぎると、夫に似た子どもが生まれたら本当に嬉しいだろうなと、気持ちが一転したのです。これは、わたし自身も驚いた価値観の変化でした。

さらに、実際に子どもを2人持ってみると、「女の子のわたしよりも兄や弟の方を可愛く感じているんじゃないかな」となんとなく母に感じていたわだかまりも、わたしの思い込みにすぎなかったことに気がつきました。

子どもは一人ひとり違うけれども、どの子も同じように大切で可愛い存在なのだと、2人の子育てを経験して、初めて実感したのです。これもまた、人の愛し方や親が子どもにかける愛情を、身をもって知ったことによる価値観の変化でした。

歳を重ね、経験が増えるにつれて、人の価値観は変化していきます。そして、それらの変化を自覚してその時どきの価値観を満たすことは、非常に重要な意味があります。

なぜなら、人は自分が大切にしている価値観を実感できると、それを軸にして人生の大きな決断に踏み出せるからです。

人生の方向性を決める決断には、価値観が大きく影響します。自分の価値観と合う方向であれば、思い切った行動も取りやすくなります。要するに、自分の大切な価値観を把握しているかどうかで、その後に展開する人生は、とてつもなく変わってくるのです。

一度これだと軸を定めても、変化しつづけるのが価値観です。

自分の人生を、決定づけるかもしれない価値観を見誤らないためにも、定期的に自分が持つ価値観の棚卸をすることをわたしはお勧めします。

〝人生の輪〟で今の自分の人生を可視化する

本当に欲しいものを自覚するためには、自分の価値観を明確にする必要があります。でも、その前に、わたしがコーチングで提供している神経心理学（NLP）の〝人生の輪〟のワークを使って、今のあなたの人生を可視化してみましょう。

〝人生の輪〟は、仕事・キャリア／お金・経済／健康／家族・パートナー・恋人／人間関係・友人・知人／学び・自己啓発／遊び・余暇／物

【人生の輪】

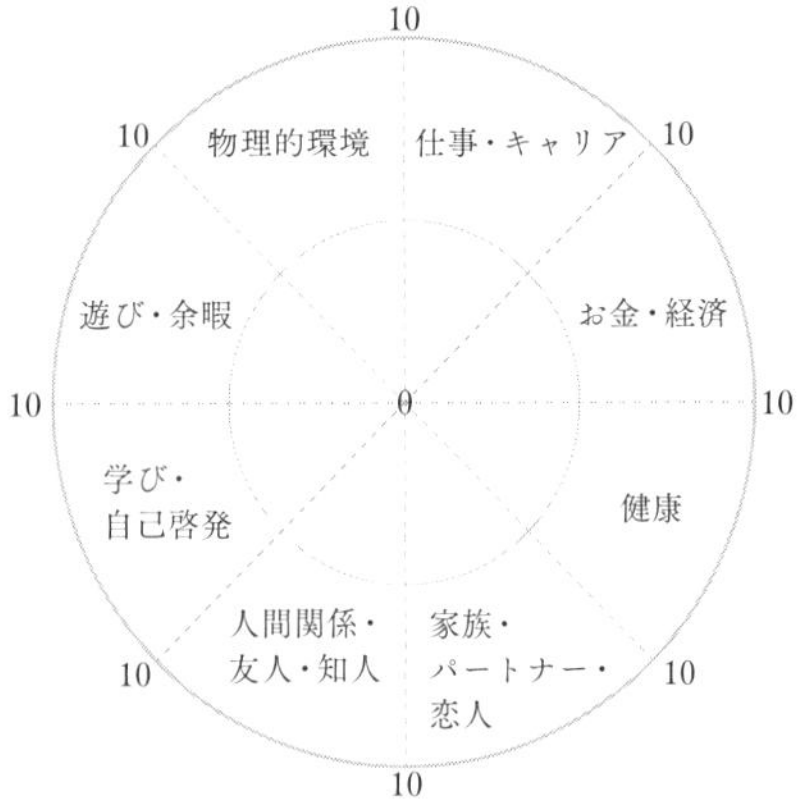

理的環境の8個のカテゴリーで成り立ちます。各カテゴリーは人生で重要とされる要素を表し、一般的には、グラフ全体でのバランスがとれて輪が大きくなるほど、人生の満足度は高くなるといわれています。

仕事は満たされているから8点、お金はそうでもないから4点、健康面は良好だから9点といったふうに、それぞれのカテゴリーを1から10までの数字で評価します。各カテゴリーで評価した数値を線で結ぶと、レーダーチャートが完成します。

このグラフを眺めると、自分が今どのような状況にあるのかがよくわかります。

自分が本当に大事だと考えているカテゴリーで輪が大きくなっているか、自分はどのようなバランスにしていきたいのか、レーダーチャートを眺めながら考えてみましょう。

価値観シートで明確になる自分の価値観

価値観を明確にする作業を助けるツールに、価値観シートがあります。リーダーシップ論を唱える、ジョン・C・マクスウェル氏が考案したシートには、38の価値観が並び、そのなかから自分に合うものを選んでいくことで、自分自身の価値観がわかります。

これを利用して、自分に合う価値観を明らかにしていきましょう。

【価値観シート】

1．責任	2．達成	3．権力	4．平衡	5．変化	6．コミット
7．能力	8．勇気	9．想像力	10．顧客満足	11．多様性	12．効果的
13．効率	14．公正	15．信念／宗教	16．家庭	17．健康	18．楽しみ
19．成長	20．正直さ	21．独立	22．誠実／高潔	23．知識	24．レガシー＝遺すもの
25．忠誠	26．金銭／財産	27．情熱	28．完璧	29．クオリティ	30．表彰
31．シンプル	32．地位	33．形式	34．チームワーク	35．信用	36．緊急
37．奉仕	38．智恵				

①38の価値観（自分で価値観を定義してもよい）から6つ選ぶ

↓

②選択した6つの価値観から3つを選ぶ

↓

③3つに順番をつける

リーダーシップ論で著名な米国の著作家、
ジョン・C・マクスウェル氏の「38の価値観（アイデンティティ）」からの引用。

38の価値観から最初に6つを選び、次にそのなかから3つに絞り込みます。最終的に残った3つの価値観のうち、自分が大事にしたい上位のものから順に、1~3の番号をつけます。

ただし、価値観シートはアメリカ人の方が考案されているため、なかには日本人の感性にフィットする価値観がないかもしれません。

そのような場合には、自分の言葉で価値観を定義します。たとえば、わたしがコーチングをさせていただいた方のなかには、ご自身で「愛情」を価値観とされた方がいらっしゃいました。

人によっては、自分が大事な価値観を6個以上挙げたい方もいると思います。しかし、価値観は数が多ければよいというものではありません。

優先度の高い3~5つほどに絞った価値観を日常的に意識して、それらをなるべく満たすように生活のなかで意識することが、人生の満足度を高める秘訣になります。

これらのワークで今の自分を客観的な視点で見つめ、自分の価値観を言葉で表現してみることで、まさにこれが自分の軸だと思える、こだわりを見つけだせます。

価値観の棚卸しは、自分のこの先の将来を考える上でも役立つことでしょう。

「罪悪感」を「ありがとう」に変える

ワーキングペアレンツとの会話で感じたこと

仕事と子育ての両立は、ワーキングペアレンツにとって最大の悩みです。働きやすい制度はもちろんのこと、職場の環境や一緒に働く方たちからの協力と理解が欠かせません。

とはいえ、ワーキングペアレンツの実態は、当事者以外にはなかなかわかりにくく、子育て経験の少ない上司や同僚とのコミュニケーションが難しい局面も多々あります。

この問題の改善に向け、わたしも参加する東京大学のプロジェクトでは、バーチャルリアリティ（VR）を活用して、ワーキングペアレンツへの理解を深める研修についての検討を進めています。VRの世界のなかで、子育て中の社員とその上司の方々に、仮想的に上司としての仕事や子育てを擬似体験してもらい、2つの視点にたった体験を通してコミュニケーションをすることで、自らのバイアスに気づいたり、互いの理解を深めていただく試みです。

今回、VRで体験するシナリオと研修内容を具体化するにあたり、子育てと仕事の両立の悩みや、働きやすい職場に向けたアイデアなどについて、ワーキングペアレンツの方々に生の声を聞かせていただける機会を得ました。

総勢15名、子育てと仕事の両立に真っ最中な方々へ、合計12時間にわたりヒアリングをさせていただき、本当に学びの多い貴重な体験となりました。子育てと仕事で忙しいなか、少しでも働きやすい職場の実現に役立つのならと時間を割いてくださった方々には、心から感謝しています。

ワーキングマザーの方々との会話では、「時代は変わっても母の悩みは一緒だなあ」と、かつて働く母親であったわたし自身にも共通する悩みや想いも数多くありました。

他方では、テレワークという新しい働き方に伴う新たな悩みや、個々の方々のリアルな体験を伺ったりもしました。

さらに、ワーキングファーザーの方々との会話では、「時代はここまで変わってきているんだ！」と目から鱗が落ちる体験をさせていただいた気がします。

そして、これらの貴重な会話を通じて、ワーキングペアレンツを取り巻く課題が浮かび上がってきました。

時代は変わっても罪悪感は変わらない

今回のヒアリングで、ワーキングマザーから共通して語られた言葉があります。
それは、「時間に追われる」と「罪悪感」です。

朝起きてから子どもを保育園に預けるまでの分刻みの対応から、ワーキングマザーの1日が始まります。出社した後も、お迎えの時間に間に合うように仕事をこなし、夕方には保育園に子どもを迎えに行き、子どもを寝かしつけるまで続く、一瞬たりとも気が抜けない時間。

夕方からの子育てを「第2ラウンド」と表現された方が複数いらして、なるほどなぁ、名言だなぁ、と感心させられました。しかもこの第2ラウンドは、「大人が思うように時間は進まず」かつ「親は常に選択を迫られている」時間なのです。

でも、当事者の時間に追われている大変さは、職場の方々には伝わりにくいもの。会社を定時で帰ろうとすると「早く帰れていいね」と同僚に声をかけられ、これから第2ラウンドへ向かうわたしは辛いんだけど……、と複雑な気持ちになったという声も結構聞かれました。

また、第2ラウンドに向かおうとしている時間帯でも、仕事を頼まれることもあれば、問題が発生して会議が終わらないこともあります。保育園へ子どもを迎えにいくために、自分だけ先に仕事を切り上げて、退社しなければいけない場合も出てくるでしょう。

そうなると、会社の上司や同僚、チームメンバーに対しても、ゆっくりと向きあえない子どもや家族に対しても、どちらにも申し訳ない気分になってしまう。

彼女たちは職場と家庭でかかわる、両方の人々への「罪悪感」を抱いていました。

一方で、ミレニアル世代のワーキングファーザーの方々との会話では、家事や子育ては女性の役割というバイアスに対する意識変化が、予想以上に進んでいると感じました。

それと同時に気づいたのは、仕事と子育てを両立している女性の多くが感じてきた「罪悪感」を、彼らも同じように感じている事実です。

子どもが病気になった時に急に仕事を休むことなどに関する職場への罪悪感と、子どもやパートナーとの十分な時間を持てない罪悪感を、彼らもまた抱えていたのでした。

わたしもずっと持っていた罪悪感

家事や子育てに対する意識は、もちろん個人差はありますが、世代によって大きな違いがあると思います。

わたしが育った時代の一般的な昭和の家庭では、夫は仕事一筋、家事や子育ては妻の仕事というのが普通でした。

また、わたしの親は教育熱心だった一方で、女の子のわたしには、家事手伝いをするよう強く求めました。兄と弟が同様に家事を求められたことは、なかったように記憶しています。

大人になって家庭を築いてからは、わたしの夫は同世代の男性と比べ、共働きへの理解度が高く、家事や子育てに関しても協力的でした。でも、子どもが幼い頃は夫自身も多忙で残業も多く、平日の家事・子育てはわたしの役目でした。子どもたちが病気になっても、会社を休むのは母親のわたし。基本的に、家事や子育てはわたしの役割で、夫はあくまで協力する立場だったように思います。

世代が若くなるにつれて、男性が家事・子育てを自分事として捉える割合は、増えていると感じます。ただし、仕事とのバランスを含めて考えると、未だに女性側の負担が圧倒的に大きいのではないでしょうか？

こういった意識や役割分担の考え方は、自分が育った環境などにより無意識のうちに、わたしたちの心に刷り込まれているように思います。

先でもお話ししましたが、わたしは初めての子どもの育児休職中に、職場復帰を断念しそうになりました。子どもが可愛くてたまらなくなってしまったことに加え、たとえ復帰しても、家事や子育てと仕事の両方を100％こなせる自信が持てなかったことが原因でした。

この時も、「家事や子育ては妻の役割」という無意識の思い込みである「アンコンシャス・バイアス」、とくにジェンダーにかかわるジェンダー・バイアスに、自分が囚われていたのだと思います。


仕事に復帰してからは、「専業主婦のお母さんたちのように、もっと長い時間一緒にいてあげられなくて、かわいそうだったなぁ、申し訳ないなぁ」という意識を、ずっと子どもたちに対して持ち続けていました。

専業主婦だったわたしの母はいつも家にいて、子どもたちを気にかけてくれていました。それが幸せだったと思っていただけに、自分自身をいけない母親であるかのように感じていたのです。これも根底に、ジェンダー・バイアスがあったからなのでしょう。

女性が社会でしなやかに活躍していくためには、やはり企業が率先して、仕事と家事と子育てのバランスが取れる環境を整えていかなければなりません。

そのためには各自が自分事として、「家事や子育ては、妻の役目。夫は手伝う人」という根強い役割意識を、「家事や育児は夫婦で行うこと」へ、名実ともに変えていく必要があります。

自分にも育った環境によってつくられたジェンダー・バイアスがあるかもしれないと顧みて、もし偏りがあるようなら、まずはそれに気づく。

それから個々の状況に合わせて、具体的に対応していくのが重要だと思います。もちろん、男性、女性ともに。

「罪悪感」を「ありがとう」に変える

わたしが、子育てをしながら仕事を続けてこられた一番大きな要因は、周囲の方々の理解と協力が得られたことだと思っています。

夫と子どもたち。長い間二重保育をお願いしていたベビーシッターさん。会社の上司、同僚、一緒に働く部下の方々。

もちろん、わたし自身も頑張るけれど、こういった周囲の方々の支えや助けをいつも有難く受け取り、最大限活用させていただきました。それが自分なりに満足するキャリアを築き、仕事を続けられた最大の秘訣だとわたしは思っています。

だから、罪悪感を抱きつつも、わたしはそれ以上に「ありがとう」と、周囲の人たちに感謝する気持ちを常に大切にしてきました。

「ありがとう」には、すごい威力があるのをご存じですか？

『Thanks! How Practicing Gratitude Can Make You Happier』の著者で、カリフォルニア大学の心理学の教授、ロバート・エモンズ博士は、「感謝は、心の栄養剤のようなもの」と語っています。

感謝の気持ちは、あらゆるマインドのなかで最強のパワーを発揮するものであって、精神と身体の健康に多大な好影響を及ぼすことが科学的にも実証されてきています。脳科学的には感謝することにより、ドーパミン、セロトニン、オキシトシン、エンドルフィンなど、脳と体によい作用を与える4つの脳内物質が分泌されることがわかっています。

著名な精神科医で脳の専門家でもある、デューク大学教授のムラリ・ドライスワミー博士は、「もし感謝が薬だとしたら、人間のすべての臓器に効く、世界で一番売れる薬となるであろう」と言われています。

科学的な根拠はさておき、人から「ありがとう」の言葉をかけられると嬉しいですよね。自分が言っても、相手から言われても嬉しい、「ありがとう」

そして、「ありがとう」は、口に出して相手に感謝する側の方が、より幸せでポジティブな気持ちになれるとわたしは思っています。

どんなに優れた人でも、ひとりですべてができるわけではありません。子育てをしながら仕事を続けるためには、日常生活全般において、様々な方々に協力をあおぎ、支えてもらうことが必要です。

でも、だからこそ、常に誰かに感謝していられる。これって、すごいことですよね！

心の向きを、助けてもらうことへの「罪悪感」から「ありがとう」に変えて、「助けられ上手」になってみてはいかがでしょうか。

周囲に気持ちよく協力してもらえる助けられ方

わたしが他の方々の力を貸していただく時に、気をつけている点や心構えについて、ご紹介します。

STEP1 まずは自分がやるべきことをちゃんと&地道に頑張る。その上で、周りの人に助けていただく。助けていただくほうがよいことは積極的に助けを求める。

STEP2 助けていただいたら／協力していただいたら、心から感謝する。その際には、

「すみません」ではなく、「ありがとう」と感謝の言葉を使う。もしも、やっていただいたことが自分の想定と違っていても、（なるほど、そういうやり方もあるのね）と受け止めることが大切。

STEP3

普段から助けてもらいたい相手とコミュニケーションを取るように心がける。人はいきなり助けて・協力してと言われても、心の準備がなければ対応できません。ですから、普段から、よい意味での根回し、情報共有をしておく。

STEP4

自分の得意なこと、自分の周囲の人たちの得意なことをよく見ておく。そして、その人の得意なことに助けを求める。適切な人選はとても大切。
日頃から、相手をよく観察して計画を練る。とくに自分が苦手なこと、自分に向いていない分野に関しては、日ごろから自分より得意な人を見つけておいて、必要な時に、その人に助けていただけるよう声がけをしたり、準備をしておく。

STEP5

援助や協力していただいたことは、本人に「ありがとう」を伝えるだけでなく、周囲の人たちにも積極的に拡散／情報発信する。それが感謝の連鎖を生む。

誰かの力を借りたい時には、この方法を参考にしてみてくださいね。

「大丈夫、なんとかなる」は伝染する！

子どもとは、密度の濃い時間をつくる努力をする

仕事で嫌なことがあったり、ストレスが溜まっていたりすると、ついつい家族と過ごしていても、子どもと向き合っていても、仕事のことが頭から離れない。

そんなことも、ままあるのではないでしょうか。わたしも昔はそうでした。

子どもは親の気持ち、とくに母親の気持ちにはとても敏感。

母親の不安な気持ちは、必ず子どもにも伝わります。

子どもが小さい頃は、翌日に重要な会議やイベントの予定を抱えている時に限って、熱を出したり、ぐずったりしたものでした。でも、それって、「明日は会社を休めない」と焦る、親の気持ちが子どもに伝染した結果だったりするのですよね。

このような経験をして思うのは、まず大人自身が、ストレスを上手くコントロールすることの大切さです。そのうえで、仕事と子育ての両立では、子どもと過ごす物理的な時間の制約を、密度や工夫で補うようにするとよいでしょう。

わたしが仕事と子育ての両立経験から体得した、子どもとしっかりと向き合うために親が心がけたいポイントについて、ここで順を追ってお話しします。

気持ちのスイッチを切り替える

仕事をする時には仕事に集中し、家族と過ごす時には、100%家族のことを考える。気持ちのスイッチを切り替えるスキルを磨くと、子どもと接する時間がより充実します。

気持ちのスイッチを切り替えることは、一生必要なスキルだとわたしは思います。

コロナ禍でリモートワークが急速に普及し、「気持ちを切り替えることの難しさ」に悩んでいる声をよく聞くようになりましたが、今のわたしにとっても、このスキルはとても重要です。

わたしは自分を、若い時よりは感情の起伏が少なくなった（感情をコントロールできるようになったことに加え、歳をとって、感情の起伏に使うエネルギーの消費が減ったから？）と思っています。

それでも、人間、いくつになっても、気持ちの切り替えは意識しないと難しいもの。

わたしは現在、複数の仕事をパラレルでしているのですが、ある仕事で心に引っかかる事柄があると、他の複数の仕事にも影響を与えてしまいます。

そもそも気持ちに引っかかりがあると、別のことをやっていても効率が下がります。だから、気持ちのスイッチを切り替えるスキルは一生ものなのです！

ここで、わたしが実行している、気持ちのスイッチを切り替える効果的な方法を、具体的にお伝えします。

①身体を動かす

人の心では、「内面の感情状態」と「身体の動きや振る舞い」、「過去の記憶や記憶のイメージ」が相互につながっています。ですから、身体を動かすことが内面の感情状態に影響を与え、気持ちの切り替えにつながります

②切り替えスイッチをパチン！　と切り替えるイメージを頭のなかで描く

感情をコントロールするためにわたしが使っている、アンカリング（条件づけ）のひとつです。

感情と行動をセットにして自分に記憶する方法で、「特定の感情を引き出す際に、必ず決まっ

た行動をセットで行う」ことで、感情の切り替えをスムースに行えます。

③今ここに集中する

とにかく今やっていること、たとえば家事や子どもとの対話などに意識を集中させる、一種のマインドフルネス。今ここに意識をフォーカスさせることで、仕事の不安や明日の心配を忘れる時間をつくることができて、それが幸せにもつながります。

いかがでしょうか。他にも、子育てや介護の合間に、週に1度はカフェでひとりきりで過ごす時間を持つなど、気持ちを切り替えるスイッチは、他にも探せばありそうです。

いろいろ試しながら、自分に合う方法を見つけ出せるといいですね。

「大丈夫、なんとかなる」は最強のおまじない

子どもが小さい頃の子育てでは、常に想定外のハプニングが起こったり、時間に追われたりと、親は気持ちに余裕を持つのが難しいもの。そこに仕事の心労が重なると、時には追い詰められた気持ちになりますよね。

わたしは、そういう時こそ、「大丈夫、なんとかなる」と自分に言い聞かせて、それを本気で信じるようにしていました。この「大丈夫、なんとかなる」は、とても強力なおまじないな

のです。

メラビアンの法則をご存じでしょうか？　アメリカの心理学者、アルバート・メラビアンによって提唱された法則で、人と人が対面でコミュニケーションを図る際に影響を与える要素の割合について示した心理学上の法則です。

〈メラビアンの法則〉

言葉（話の内容）：7％、**【言語】**

話し方（声の調子、高低、大小、メリハリ）：38％**【非言語】**

ボディーランゲージ（姿勢、身振り、しぐさ、表情、視線の使い方）：55％**【非言語】**

人と人が対面でコミュニケーションを行う場合、言葉の内容はわずか7％しか影響を与えず、最も影響を及ぼすのは、ボディランゲージだといわれます。

母親が「大丈夫、なんとかなる」と信じていれば、それが話し方やボディーランゲージに表れます。コミュニケーションの93％を占める非言語を通じて、その気持ちは子どもに伝染し、安心感を与えるのです。

他にも注目したいのは、脳の神経細胞であるミラーニューロンの影響です。

ミラーニューロンは、「ものまねニューロン」とも言われ、他人の心を読み取ったり行動を真似たりする脳の機能を支えていて、人間の体の動きや表情などを見る時に反応します。自分が大丈夫だと信じていると、それを相手のミラーニューロンがキャッチするのです。

母親と子どものように密接な関係ではなおさら、母親の発する非言語情報が、このニューロンによって無意識のうちに、子どもに心地よさと安心を与えるのです。

ちなみに、「大丈夫、なんとかなる」は子育てに限らず、仕事にも応用できます。

自分（上司、チームのメンバー）が本当にそう信じていれば、プロジェクトが成功するなんてことも起こりうるのです。

このおまじないは、とても役立ちますので、ぜひ活用してみてください！

笑顔が一番。そして、声に出して言葉で伝える

何と言っても、子育てには笑顔が一番。

笑顔をつくると、脳内の快に関する神経伝達物質であるセロトニン、ドーパミン、エンドルフィンが分泌され、幸福感が増すといわれます。それが、ミラーニューロンによって子どもにも伝染します。

人の脳には、〝顔細胞〟という、顔や顔のように見えるものを瞬時に認識する機能も備わっ

ているので、その効果は絶大です。

わたしに人よりも優れたところがあるとしたら、第一に挙げられるのが、笑顔が大好き！なところでしょうか。

自分が笑顔でいることで、救われた経験は数えきれません。だから、わたしはいつも笑顔でいることを心がけています。そしてこれも、「大丈夫、なんとかなる」のおまじないと同様に、子育てに限らず、人生全般に役立つスキルです。

これらのスキルを活用した上で、コミュニケーションに占める割合は、たかだか7％ではあるけれど、言葉もとても大切にしたいものです。とくに心がけたいのは、子どもにかける褒め言葉。やはり人は褒められて育つものですから。

日本人は身内を褒めるのがあまり得意ではなく、むしろ謙遜を美徳のように思いがちです。けれども、本人のよいところを声に出して言葉で伝えることは、とても重要なのです。

声に出して子どもを褒めたり、感謝の言葉をかけたりすることで、子どものよいセルフイメージが育まれるのです。

ワークとライフは分けなくていい

「バランス」は、捉え方が鍵

日本では、「ワーク・ライフ・バランス」を提唱する企業や組織が多くありますが、実際のところワークとライフのバランスなんて簡単に取れるものではありません。

とくに日々の生活での時間的なバランス。

ワーキングペアレンツの方々も「時間に追われる」「罪悪感」といった言葉で、その難しさを表現されていました。わたしの経験でも、とくに子育てで忙しかった頃は、ワークとライフのバランスが取れている、なんて感じたことは、ほとんどありませんでした。

ワークとライフ、仕事と子育てを個別に位置づけて「バランス」を取ろうとしても、身体はひとつしかありません。バランスが取れないことは、しょっちゅう起こります。

そのたびに、わたしたちはバランスを取れないことに罪悪感を抱き、自分を責めてしまう。

でもそれは、メンタルヘルス面でもマイナスでしかありませんよね。
だったら、いっそバランスを取ろうなんて考えない方がよいと思いませんか。どうせバランスなんて取れないんだと、時には割り切ってしまう方が気が楽になります。

一方で、しなやかに生きるためには、人生全体を見通すという意味でのバランスが、とても重要だとわたしは思っています。物事のバランスを意識するには、単に2つの事柄を取り上げるのではなく、そこにかかわるさまざまな要素に対しての、全体的なバランスを考えることが肝心なのです。

子育てと仕事のバランスを考えるうえでも、目の前にある毎日の時間の使い方だけにフォーカスすると、本来考えるべきバランスを見失ってしまいます。もう少し長い時間軸で、子育てと仕事の取り組み方や力の入れ具合、お金の使い方などを考えることで、違った景色が見えて、精神的にも安定するでしょう。多方面に目を向けるバランスの捉え方は、子育てと仕事においてだけではなく、人生のさまざまな場面で役立ちます。
いくつもの「わたし」を持ち、人生を1年・3年・5年・10年と中・長期的な時間軸と複数のモノサシで捉え、全体のバランスを調整する。その繰り返しが、より豊かで振り返った時に自分で満足できる人生を創る鍵になるのです。

ワークとライフは自分でインテグレートする時代

ワーキングペアレンツとの会話では、ほとんどの方が「罪悪感」を抱えていました。わたしはその状況を改めて認識し、「ワーク・ライフ・バランス」から「ワーク・ライフ・インテグレーション」へシフトする必要性を強く感じています。

「ワーク・ライフ・インテグレーション」とは経済同友会が2008年にかかげた、ワーク・ライフ・バランスを発展させた概念で、仕事と私生活を統合して好循環させることにより、生産性や生活の質、幸福感等の向上を目指すものです。

テレワークが急速に浸透しつつある現在、わたしたちの生活における仕事は、もはや「私生活から隔離された一定の連続した時間の塊」ではなくなりつつあります。

ワークとライフのどちらかを選ばなければと悩むというよりは、ライフ（私生活、人生）があって、そのなかで重要なもののひとつがワーク（仕事）と捉える方が自然ではないでしょうか。

ライフとワークを日々の生活、そして人生のなかで、どのようにインテグレーションする、つまり、統合するのが自分にとって好ましいのか。一人ひとりが主体性を持って、これらを統合させるマインドで考えていかなければなりません。

【ワーク・ライフ・インテグレーション】

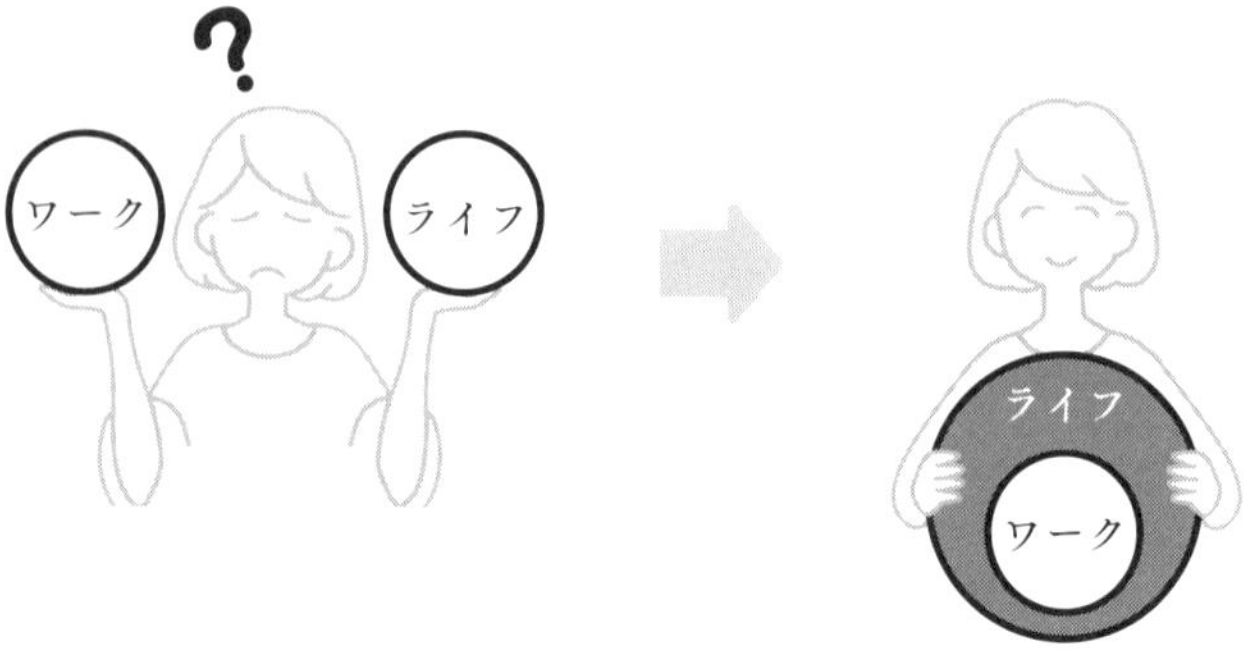

◎ライフとワークの両方を豊かにすることによって、人生をより豊かにする

◎ワークもライフも人生の一部と捉えて、相互作用によって人生全体の充実を図る

個人が人生をデザインし、それを企業がサポートしていく。個人主導の働き方が、大きく変わっていくこれからの時代には必要になると思います。

VRでアンコンシャス・バイアスへの気づきを促せるか？

わたしは、2020年8月から東京大学で、アンコンシャス・バイアスに関するプロジェクトにかかわっています。

このプロジェクトでは、テクノロジーを活用した、アンコンシャス・バイアスに対する支援の枠組み構築や提言に向けた取り組みを進めています。

人は誰しも、無意識の思い込み、つまり、アンコンシャス・バイアスを持っています。社会や組織、そこに所属する人々にも、無意識による、ものの見方や捉え方の歪み・偏りであるアンコンシャス・バイアスが存在します。

とくに、ジェンダーに関するアンコンシャス・バイアスは、社会や企業において女性の活躍を阻害する大きな要因となっています。

いま企業や組織のダイバーシティ推進においては、個々が持つアンコンシャス・バイアスに気づき、対処していくための、さまざまな取り組みがなされています。

しかしながら、アンコンシャス・バイアスを人が自覚することは容易ではなく、企業や組織における現状の取り組みは、まだ模索の段階でもあります。わたしたちは、子どもの頃からの体験の蓄積でつくられた無意識のなかにあるフィルターを通して世のなかを見ています。そのフィルターによって無意識の思い込み、つまり、アンコンシャス・バイアスが生まれてしまいます。ジェンダーや立場の異なる他者へのバイアスに気づき思い込みをなくしていくためには、他者の視点を学ぶ新たな体験を積み重ねてフィルターを変えていくことが必要になります。

現在の取り組みでは、VRを活用して複数の他者の視点を体験し、その体験をもとに小人数で話し合うことにより、これまでは難しかった、自らの体験を通して他者の視点を学び共感を生みだすことにチャレンジしています。

また、人とAIが協働するこれからの社会においては、ネガティブなアンコンシャス・バイアスに、より一層敏感になる必要があります。なぜなら、データに潜むアンコンシャス・バイアスを学習したAIが社会実装されることにより、差別や偏見が増幅される可能性があるからです。それを防ぐためにも、わたしたち一人ひとりが、アンテナを高くし、アンコンシャス・バイアスに気づく目を持つ必要があると思います。

第3章

シリコンバレーで学んだ「わたしを表現する方法」

"The importance of expressing myself positively" that I learned in Silicon Valley

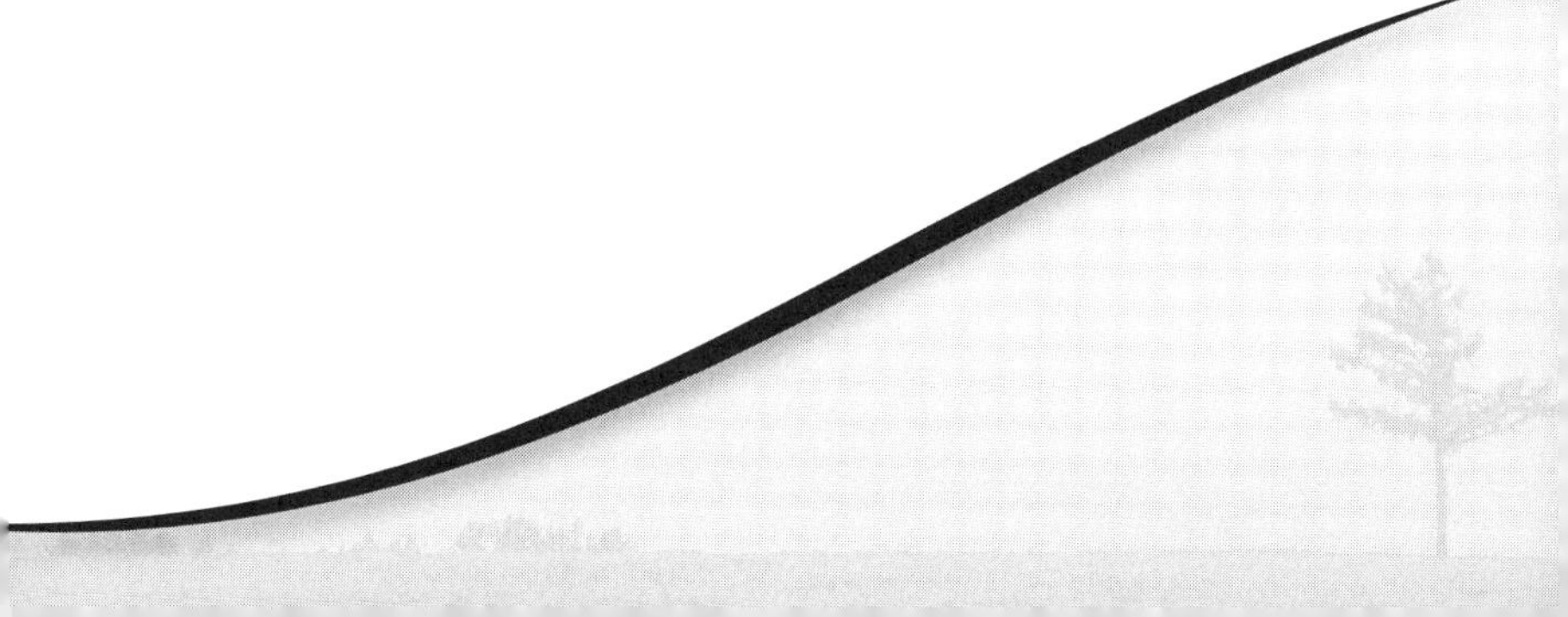

人生にみんなと同じ「正解」はない。
間違えずに目的地に辿り着くことだけがゴールでもない。
失敗しても、また戻ってやり直せばいいだけ。

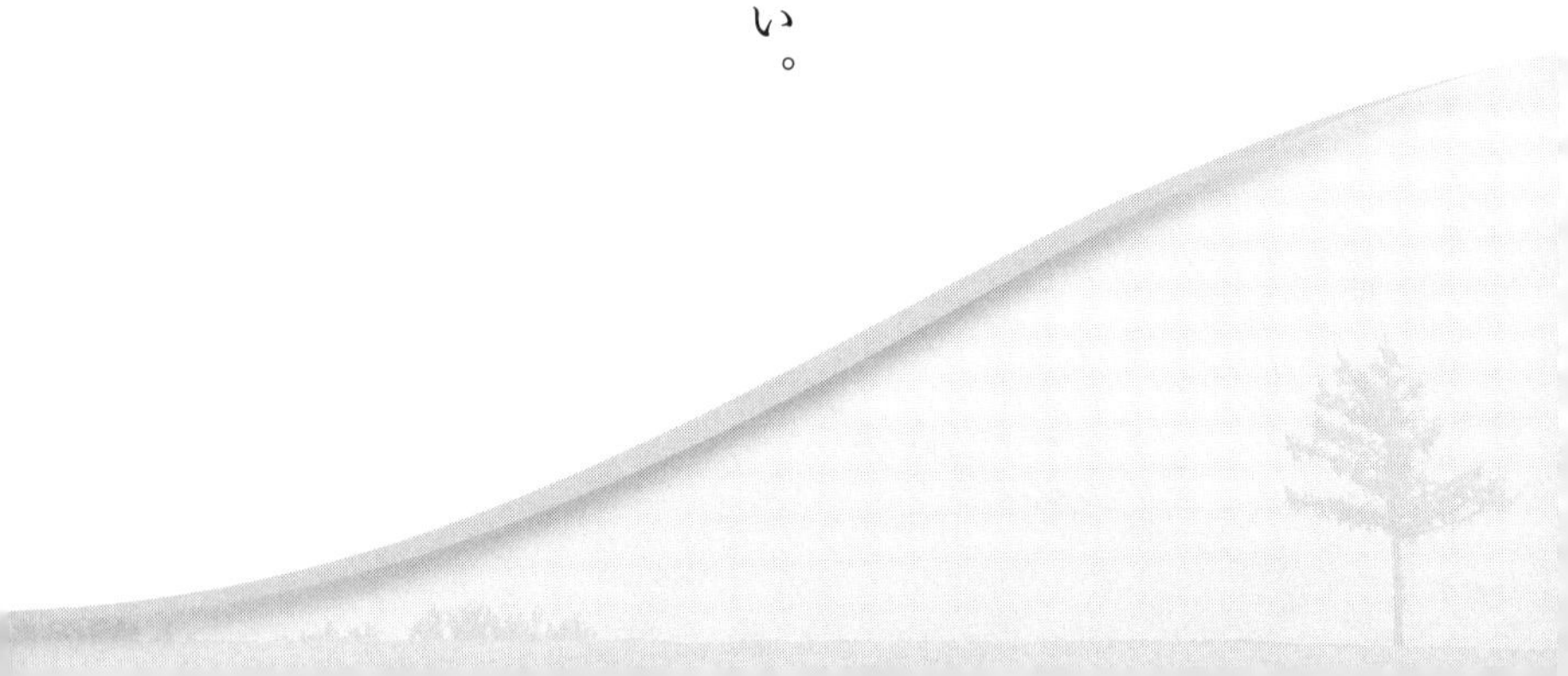

失敗してもやり直せばいい

失敗しても、また戻ってやり直せばいいだけ

2000年から3年半の間、わたしはアメリカに赴任していました。

赴任先は、カリフォルニア州。サンフランシスコから40分ほど南に下ったサニーベール、通称、シリコンバレーと呼ばれる場所にある米国富士通研究所です。

きっかけは夫の赴任話でしたが、様々な調整の結果、幸いにも夫婦揃って赴任をさせていただけることになりました。当時、富士通の通信部門では、夫婦ともに海外駐在した前例はなかったので、初めてのトライアルでした。

この経験はわたしにとって、仕事だけでなく人生の転機にもなりました。

とはいえ、2人の子どもを連れて家族全員での赴任でしたから、駐在員生活が始まった頃は、正直苦労の連続でした。

最初の試練は、車の運転でした。当時のわたしは長男が生まれて以来10年間、一度も運転をしていなかったペーパードライバーだったのです。

車社会のアメリカでは、運転をしなければ、会社へも行けず、買い物にも出かけられず、子どもたちの学校の送り迎えすらできない。それで必要に迫られ、ハンドルを握るようになりました。

視界に入るのは何車線もある幅広い道路と、見慣れない道路標識。慣れるまでは、本当にこれが泣きたいくらい辛かったです。

ある朝、会社へ向かう途中で車線変更が思うようにできなくて、曲がるべきところを直進してしまい、運転しながら涙が止まらなかったことがありました。

その時、サポーターとして隣に乗っていた夫から、

「もう運転のスキルは問題ないと思うよ。曲がるのを失敗したら、また戻って曲がり直せばいいだけのことだよ」と言われたんです。

ただそれだけの言葉なのですが、間違えずに目的地へ辿り着くことだけがゴールなのだと思い込んでいた自分に、はっと気づきました。その瞬間、心がすうーっと軽くなったのを、今で

もよく覚えています。

「180点満点」に続きこの言葉も、運転に限らず、その後のわたしの人生において、もうひとつの大切な軸になりました。

失敗しても、また戻ってやり直せばいいんだと！

鉄は熱いうちに打て！

素早い行動が結果を生みだす

運転に次いで苦労したのは、英語でのコミュニケーション。とりわけ日常生活の会話における“Accent”（アクセント）と〝発音〟でした。

アクセントとは、単語を発音する時の音の強弱や高低のことを指します。単語やセンテンスでの強弱のつけ方がよろしくないと、英語は全く通じません。発音も、〝r〟と〝l〟の違いや、〝s〟と〝th〟の違いを発音できないと、単語が正確には伝わらない。

英会話では、文章全体を理解できなくてもキーワードがわかれば、相手の言わんとする内容を察することができますよね。

逆に、自分の発音が誤っている場合は、別の単語だと認識されてしまい、こちらの言いたい内容を相手には察してもらえません。
日本で学んだ英会話は現地では役に立たず、〝アクセント〟と〝発音〟の不正確さで、自分が言わんとすることを相手に理解してもらえない事態が、わたしにも多々起こりました。

なかでも一番ショックだったのは、〝水〟が通じなかったこと！ "water" なんて小学生でも知っている単語ですよね。それなのに、学校で習った「ウォーター」的な発音では全く通じず、ちょっとした売店で水を買うのでさえ何度も言い直し……。
ホットドッグを注文したつもりがアメリカンドッグ（英語では、corn dog）を出され、違うとも言い返せず、ひとり落ち込みながらアメリカンドッグを食べたこともありました。

また、ある時は、子どもたちをChild Care（学童保育所）に迎えにいく途中、水道管が破裂して道路に水が噴き出し、通行止めに遭遇しました。時間に厳しいChild Careに急ぎ遅れる旨の連絡の電話を入れたものの、「水道管が破裂して……」と英語で伝えたくても、とっさに単語が出てきません。
正確な事情が掴めない電話の向こうで、「ミセス中条は、まだ英語が上手くないから……」といった会話がなされているのが聞こえ、ひどく落ち込んだりもしました。

富士通研究所の社長が訪米されたのは、ちょうどその頃でした。

【子どもたちが過ごしていたChild Care】

社長に、「中条さん、君は、英語は大丈夫かね?」と尋ねられたのです。

わたしが状況を説明すると、社長に言われました。

「君、鉄は熱いうちに打て! だよ。赴任直後の駐在員の多くは君と同じような経験をする。しかし、皆、次第にその状態に慣れてしまう。本気でなんとかしたいと思ったら、今すぐに行動しなさい」

ホットドッグが食べられないくらいなら落ち込むだけでいいけれど、もし子どもたちの生活の対応に支障が発生し、事故でも起こったら――。

子どもの安全がかかっている、この時ばかりは、自分の人生のなかで一番英語の上達に必死だったので、すぐに英会話の先生を探す行動に移りました。

それが素晴らしい結果を生んでくれたのです。

素早いアクションが、英語をはじめアメリカの生活や文化・マインドについてご指導いただいた、アメリカ人の女性Sさんとの出会いにつながりました。わたしは、ESL（English as a Second Language）の先生のSさんとのプライベートレッスンを開始したのです。

後にわたしが「人生のメンター」だと思うようになったSさんとの関係は、家族ぐるみの交流に発展し、今でも海を越えたお付き合いが続いています。

Sさんがわたしの、そしてわたしたち家族のアメリカ生活を、どれほど豊かにしてくれたのかは、言葉では言い表せません。

この経験が、迅速に動く価値をわたしに教えてくれました。

その後の人生でも、どうしようかな……と躊躇する時には決まって、「鉄は熱いうちに打て」の言葉を思い出します。

わたしはそのたびに、自分に言い聞かせます。何かをやって失敗して後悔するのはいい。でも、やらずに後悔することはしたくない、と。

でも「機が熟す」のを待ってみる

「お母さん、ぼく、バカになったみたいだ」

アメリカに赴任してから2カ月くらい経ったある日、息子はわたしにこう打ち明けました。小さい頃から、じっくり物事を考えるタイプの子で、日本の小学校での成績は申し分なかった息子からの言葉だけに、わたしはショックを受けました。わたしと同様に息子も、言葉の壁に苦しんでいたのです。

自分の考えを何不自由なく表現できた環境から一転して、周りの人が何を話しているのかもわからず、自分の気持ちも言葉にして伝えられない環境へ変われば、誰でも戸惑います。環境に適応する難しさを、自分に原因があると思った息子が、かわいそうでなりませんでした。

本人には「頭が悪くなったわけではなくて、一時的に英語を使って話ができない状況になってしまっただけ」と説明しつつ、人間にとっての言葉の重要性を改めて痛感しました。

家族でアメリカに赴任した3月末の時点で、息子は小学3年生を終了し、娘は保育園を卒園したばかりでした。

カリフォルニア州では、12歳以下の子どもたちだけでの留守番は法律で禁止されています。大半の母親が仕事をしている関係で、多くの小学校には学童保育所に相当するＹＭＣＡのChild Careが併設されていました。我が家の子どもたちも、学校が終わってからわたしがピックアップするまでの間、ＹＭＣＡのChild Careで過ごしていました。


日本人の駐在員家庭で奥様が働いているケースは皆無でしたので、Child Careには、本人たち以外の日本人はゼロ。２人は何カ月もの間、Child Careでは一言もしゃべらず固い表情で、ただただ本を読んで過ごしていました。

子どもたちはこの先どうなるのだろうかと、わたしは本当に心配しました。その時、わたしを支えてくれたのは、Child Careに常駐していたカウンセラーでした。アメリカではカウンセラーは日本よりも、もっと身近な存在で、学校にも専門のトレーニングを受けたカウンセラーがいるのです。

「２人が話をしないのは英語の問題ではない。もう英語はわかっている。これは心の問題。２人とも『機が熟す』のを待っている。心配しなくても、本人たちがその時だと判断したら話をし始めるから、お母さんはその時がくるのを待ってあげて」

彼女は、不安げなわたしにも声をかけながら、子どもたちを見守ってくれました。

それから半年ほど経った頃でしょうか。2人が自然に、英語で現地の友達と交流し始めたのです。わたしは、ほっと安堵するとともに、カウンセラーによるサポートの重要性を強く実感しました。それと同時に、物事に不安を感じてコントロールしたくなる気持ちを手放し、「機が熟すまで待つ」ことの大切さを、この出来事から学んだのです。

それ以来、わたしは、とくに心や気持ちに関しては、自分にも、そして他の人に対しても、機が熟す時が来ると信じて、タイミングを待つようにしています。

ひとたび機が熟したことを感じると、ひとは自ら次のアクションを起こしていく。それは、人間だけでなく植物や動物など自然界の生き物に共通する、大切なリズムなのだろうとわたしは思っています。

発言しないのは、「いない」ことと同じ

Sさんのレッスンを受けるようになってもしばらくの間は、わたしもミーティングでの英語の議論についていけず、何も発言できない状態が続いていました。

ミーティング自体、日本の富士通での打ち合わせに比べて、よりオープンで活気ある発言が

飛び交います。そこへ、すっと入っていくタイミングを掴めずにいました。息子が「自分がバカになった」と感じたように、わたし自身も、自分をひどく無能に感じられる時期を過ごしていたのです。

赴任直後には色々と気遣ってくれていた同僚も、いつまでも同じ態度ではありません。ミーティングで何も発言できないのは、ミーティングの出席者に何も貢献できないのと同じ。そして、それは存在しないのにも等しいことだと、じわじわと感じるようになりました。ミーティングに出席する他のメンバーに、そのような苦情を言われたことはありません。でも、言われないからこそ、自分自身で強くこの状況を脱出したいと願うようになりました。

わたしが編み出した脱出方法は、**「ミーティングに出席したら、必ず、ひとつは質問する」**という決まりを自分でつくって、自分に課すというものでした。

質問しようと決めたことで、質問ネタを探すために、それまで以上に真剣に英語を聞き取ろうという気持ちが生まれました。ひとつでも質問することで、ミーティングにおける自分の存在が、周りにも、そして、自分にもはっきりと示せる気がして、とてもポジティブな気持ちになれたことを覚えています。

日本に帰国した後も、自分が役割を持って参加する会議やコミュニケーションの場では、必ず「何かひとつは質問する・発言する」ことを、わたし自身のポリシーにしていました。

もっとも、自分に課した約束を、実行できないことは今でもあります。

あまり面識のない、専門領域に詳しい方々が活発に討論する場では気後れしてしまい、結局、時間内に1回も発言せずに終わる場合もないとはいえません。

そんな時は、残念ながら結構落ち込んでしまいますが、次こそは！　と、なるべく早く気持ちを切り替え、落ち込む時間を極力短くするように努力しています。

「周囲に対して自らの意思を表現する」

これは、きっと一生大切にすべき約束だとわたし自身は思っています。

謙遜は美徳？

ポジティブな言葉を発することの大切さ

ある時、英語でちょっと気の張るプレゼンをすることになり、英語の原稿をはじめとして英語でのプレゼンについてSさんから指導を受けました。その時にSさんに助言された内容が印象的で、とても強く心に残っています。

まだわたしが、さほど英語でのプレゼンに慣れていなかった時期で、スピーチの冒頭に「わたしはまだ英語のプレゼンに不慣れで……」とエクスキューズを入れたところ、Sさんから「その発言は絶対にNG」と言われたのです。

なぜ、自分の英語力について謙遜をしてはいけないのか。

戸惑っているわたしに、Sさんはこう言いました。

わたし自身の口で、「自分は英語のプレゼンに慣れていない」と表現したら、少なくともアメリカでは、その時点で聴衆に、「なーんだ、この人は英語のプレゼンに長けた人ではないのか」と思われてしまう。

もし、あなたのプレゼンが素晴らしくても、冒頭のネガティブな言葉が聴衆の意識に影響を与えて、あなたのプレゼンが正当に評価されなくなってしまうかもしれない。だから、そのようなネガティブな先入観を与えることは何の得にもならない、と諭されたのです。

いかにもアメリカ人らしい思考法だと感心すると同時に、わたしはその考え方を、しっかりと心に受け止めました。


日本では、このようなフレーズが謙虚さを示す、謙遜の言葉として用いられる場合があります。でも、使い方によっては、自分を過小評価するマイナスの表現にもなり得るのです。

それ以来わたしは、自分をへりくだる言い回しを使いそうになると、いつもSさんの助言を思い出し、自分の発信する言葉が相手に与える影響を、チェックするようになりました。


他にも、日本人とは異なる表現の仕方で、強烈に心に残った出来事があります。

わたしたちが住んでいたクパティーノの隣の家には、アメリカ人でヤフー社のバイスプレジデントをしていたご主人と、中国人のとても美しい奥様が住んでいました。奥様は小さい頃からピアノの才能に優れ、中国でも有数の英才教育を受けた方でした。

その方がある日「ワンタンをつくったからどうぞ」と、我が家へ手作りワンタンを持ってきてくれました。そして、美しくヒダの入った形のよいワンタンを褒めたわたしに、「I tried!」と言ったのです。

同じような状況でも日本人はとかく、自分のつくったものを褒められても、「それほどでもないわ」と否定しがちではないでしょうか？

そんなことはないと謙遜するのではなく、「わたし、頑張ってみたわ！」と当然のように賞賛を受け入れた彼女の反応に、わたしはポジティブな言葉を発することの大切さを感じたのでした。

自分をポジティブにアピールする

Sさんや隣人、職場の同僚などとのかかわりを通じて、わたしは自分自身のその後の人生に最もポジティブな影響を与えてくれた、「自分をポジティブにアピールする」ことを学びました。

日本人が美徳のひとつと考える「謙遜」は、海外では相手に自分を正しく伝えられない、相手から自分が評価されない要因になってしまう危険性があると悟ったからです。

たとえば、日本人は、物事が70%できていても残りの30%が気になって、できている70%をアピールするのを躊躇《ちゅうちょ》してしまうのではないでしょうか？

下手に70%できたと言おうものなら、できていない30%を突っ込まれるかもしれない、と多くの人が考えがちなのかもしれません。それで、つい自己アピールを控えてしまう。


けれども、アメリカでは、そのようにネガティブな思考を働かせる人は少数派です。

シリコンバレーでは様々な国の同僚たちと一緒に働き、日々の会話をしましたが、日本人ほど自己アピールが苦手な国民はいないと思うほど、皆さんアピールが上手でした。

とくにアピール力が強かったのは、中国人の方々だったように感じます。彼・彼女らは、70%やり遂げていたら、まずはできている部分にフォーカスして、"Great !!" "Wonderful !!" と自ら主張することが多かった気がします。


最初はわたしも、そのような思考に若干違和感を覚えましたが、その環境に慣れてくると、やはり、ポジティブにアピールすることの大切さを、身をもって感じるようになりました。

誇張のしすぎは避ける方が無難だとしても、自分が言わなくても誰かが気づいてくれる、という発想では、結局は誰からも本当の自分の価値に、気づいてもらえないからです。

日本国内のように、文化や習慣の似た者同士であれば、言葉では表現されない相手の言わんとすることを互いに「行間」を読んで推察できるかもしれません。でも、考え方や発想が本質的に異なる人たちが集まるシリコンバレーでは、自分で自分をしっかりと主張しなければ、誰も行間を読んではくれないのです。

グローバルに活躍するためには、「自分をポジティブにアピールする力」は不可欠です。

さらに、今は日本国内であっても、世代や性別の違いによる人々の考えの多様化は、急速に進んでいます。

そのような世のなかで自分らしく、しなやかにキャリアを積んでいくためには、「自分をポジティブにアピールする力」を磨いていくことが、ますます大切になっていくとわたしは信じています。

アピール力が健全なセルフイメージをつくる

物事のできているところや自分のよいところに目を向けて、それを言葉で発信していくことは、実は周りに対するアピールだけではなくて、自分に対する肯定でもあるのです。

人間の脳は、現実とイメージとの区別がつきません。24時間自分が発する、自分自身への声

【アピール力が健全なセルフイメージをつくる】

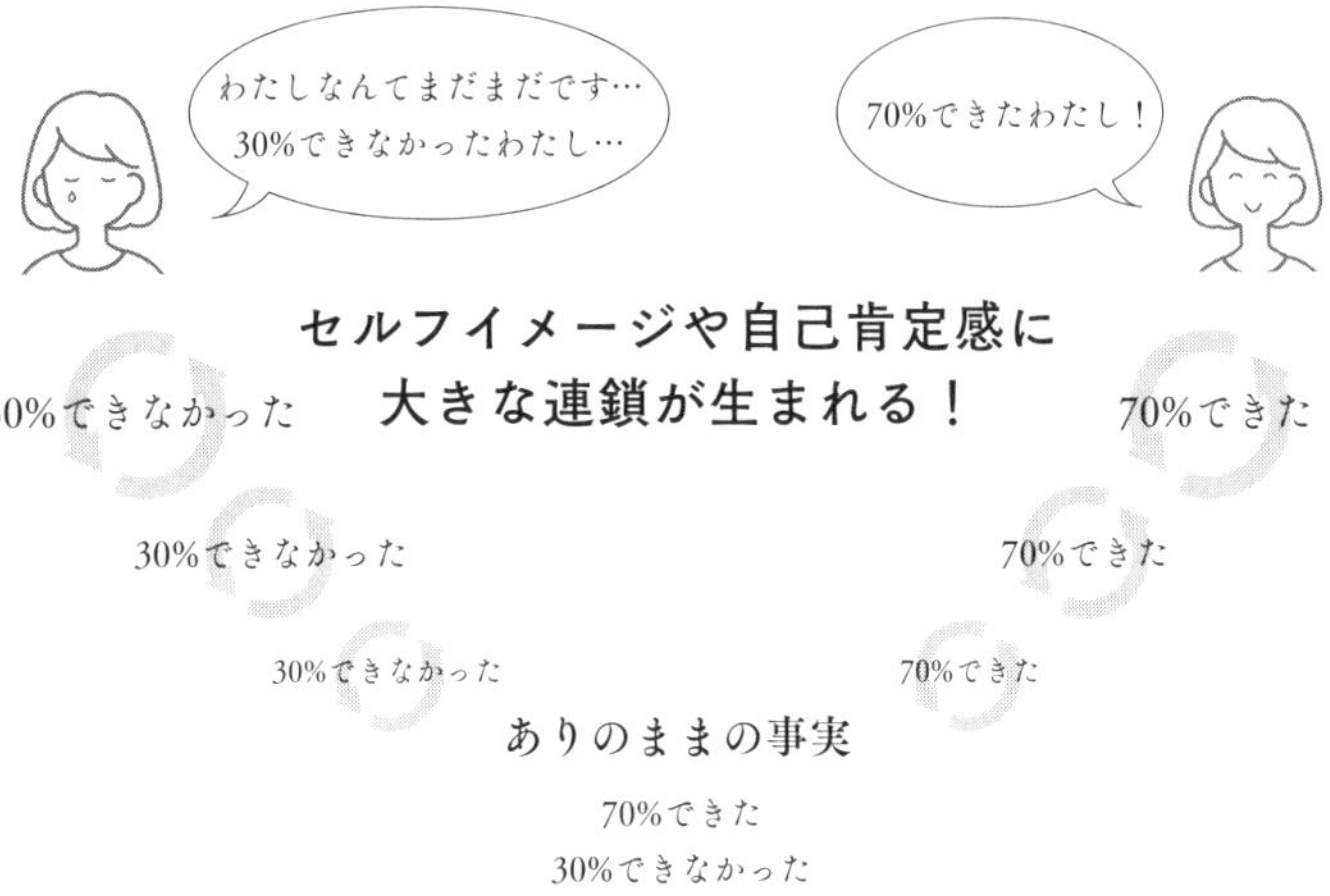

がけを聞いています。ですから、同じ事実でも自分がどう解釈するかで、自己イメージが違ってきます。

70％できたことを、しっかりと主張する声を聞き続けている脳と、できなかった30％を気にして、「わたしなんてまだまだです」と卑下する声を聞き続けている脳では、つくられる自分に対するイメージに大きな開きが生じます。そして、そのイメージから良くも悪くも、セルフイメージや自己肯定感への大きな連鎖が生まれるのです。

ですから、できなかった30％は真摯に受け止めて分析して（時には見なかったことにするのも大事だとわたしは思います）、次に活かしましょう。

それと同時に、できたことに目を向け、声に出してポジティブに自分をアピールする習慣を、ぜひ身につけてください！

勉強のための英語から、コミュニケーションのための英語へ

これまでにお話をしてきた、「自らの意思を表現する」ことや「ポジティブに自己アピールをする」ことに必要となるのが、コミュニケーションの力です。そして、シリコンバレーにいた当時のわたしにとって、それは英語でのコミュニケーションでした。

英会話を最も上達させる方法は、ネイティブの恋人を持つことだと、よく言われますよね。わたしもそれは当たっていると思います。

要は、自分がどれだけ本気で英語でコミュニケーションしたいと思うのか、その欲求の強さが英会話を学び、上達させる最大の原動力になるからです。

わたしの場合も英語で業務を進める必要性に加えて、Sさんに自分の気持ちを伝えたい、互いに理解し合いたい、日本の文化を説明してあげたい、といった気持ちが、英会話を上達させる原動力となりました。

そういう意味では、自ら機会をもうけて日本語の通じない外国人の友人をつくる努力も、英会話力の向上には非常に役立つと思います。

実は、駐在するまで、わたしはあまり英語が好きになれませんでした。

わたしの経験上「英語が好き」という人には、学生時代によい先生に出会ったとか、大抵、何かしらのポジティブな、きっかけとなる出来事がありました。

でも、わたし自身は、学生の頃から学科としての英語に10年以上触れ続けていても、英語が面白いとは思えなかったのです。

社会人になってからも、海外企業との英語でのミーティングに出席する機会があると、話の内容を半分も聞き取れず発言もできない自分に、必ずと言っていいほど落ち込みました。かといって、その時々には落ち込みはするものの、一念発起して英語力を上げようと勉強に取り組むわけでもないわたし。

たまにしか英語を使う機会がない必要性の低さと、英語に対する興味のなさが、やる気の出なかった最大の原因だったように思います。

ところがアメリカ駐在をきっかけにして、英語が生活の一部になり、英語が好きになり、気づいたらTOEICで900点を超えるなど、数年間で劇的な変化を経験しました。

もちろんわたしの場合は、英語でコミュニケーションしないと生活に支障をきたすという、恵まれた（?）環境に置かれていました。この環境が、幸いにも大きな変化を促したのは確かだといえるでしょう。

でも、一番の秘訣は、英語を勉強としてではなく、コミュニケーションのツールと捉え、人々との意思疎通の手段として英語と接したからではないか？　と自分では考えています。学生時代に始まり赴任前までの長きにわたって続けていた英語との向き合い方とは、異なるアプローチで英語に触れたことが、少なくともわたしには合っていたのだと思います。

文化や考え方の異なるSさんを始めとする多くの方々との英語でのコミュニケーションは、会話の内容に広がりをもたらし、ロジカルな話し方や伝え方を実践する、生きた勉強でした。そのおかげで、わたしは英語にますます興味を持ち、英語の原書での読書を楽しみ、英語で発信される世界の情報にも、積極的にアクセスするようになりました。

これらのすべてから得られた学びは、わたしの人生のわくわく感を倍増してくれたことに加え、仕事においても大きな武器となったのは言うまでもありません。

みんなと同じ「正解」はない

シリコンバレーでの生活が軌道に乗りだすと、「自由に息ができる空気感」を心地よく感じるようになりました。

そこに住む人々は、国籍も母国語も違うし、外見も雰囲気も違う。喋っている英語のアクセントも違う。

そういった多様性に触れる毎日を過ごしていると、人は違って当たり前で、人との違いを大切に、尊重することの意義が自然に感じられるようになるのです。おおらかで、すべての人を受け入れる雰囲気が、「自由に息ができる空気感」の根底にありました。

そして、その雰囲気は、失敗に対する考え方にも反映していたように思います。

日本では、とかく、周りの目を気にしがちで、人と違ったり、人より目立ったりすることを、あまり快く思わない雰囲気がありますよね。ミスを恐れ、なるべく失敗しないように気をつけて生きる、そんな風潮もあるのではないでしょうか？

わたしも、赴任する前の日本の生活では、それを普通に感じていたように思います。けれども、現地で暮らす人々の感覚は、日本人的な感覚とは対照的だったのです。

シリコンバレーでは、仕事はもちろん、生活のなかでも、ポジティブなチャレンジマインドが溢れていました。失敗を許容し、失敗からポジティブに学ぶ雰囲気が、本人にも周囲にもあるのを、わたしは肌で感じていたのです。

失敗を恐れる日本と、失敗を許容するシリコンバレー。

一体どこから、その違いが生まれるのか。わたしはそれには、物事に「正解」があるかないかが、大きく影響しているのではないかと考えています。

日本の高度経済成長期はゴールが明確だったので、皆が共通で認識する、いわゆる正解があったように思います。また、学校教育も、ひとつでも多く、ひとつでも早く正解を学び、身につけることをよしとする教育だったのではないでしょうか。

その結果、多くの日本人が正解を共有するのを好み、正解でないことには抵抗を覚え、そこから外れたこと、つまり失敗を受け入れにくい文化が醸成されたように感じます。

そんな日本の文化から離れたわたしは、失敗への恐れを意識せずに行動していました。

正解があって、そのとおりにならなかった時、「失敗した！」って感じますよね。でもシリコンバレーには、そもそも皆が同じように認識する「正解」が存在しません。

新しい課題へのチャレンジは日々行われていましたが、それらは自分で仮説を立てて、戦略を練って、やってみる、いわゆるトライ＆エラーの繰り返しでした。やってみて仮説と違っても、別にそれを失敗とは捉えずに、そこから次のアクションに対する教訓を得ていたのです。

正解どおりに物事を行うよりも、むしろ物事が上手くいかなかった経験から、人はより多くのことを学ぶのではないでしょうか？

シリコンバレーで「失敗、Welcome!」の姿勢を学んだわたしは、ちょっと勇気を出して様々なことにチャレンジしてきました。自分の人生を振り返ってみて、今のわたしを創ってくれたのは、数々の失敗からの学びや気づきだったと心から思います。

今は、日本も正解のない時代です。ぜひ勇気をだして何事にもチャレンジして、失敗して、そこからあなた自身の正解を見つけていただきたいと思います。

シリコンバレー式「つながる力」

自分と異なる考えを持つ人と「つながる力」

アメリカでは見知らぬ人に出会う、たとえばエレベータに乗り合わせた時など、少し目があっただけでも、“Hi”と声をかけたり、笑顔を見せたりする人が多いです。

わたしはそういった交流がとても好きで、アメリカ育ちの方に、“Hi”と声がけする理由を伺ったことがあります。その方によると、多国籍社会のアメリカでは、「自分は危険な人物ではないですよ」というメッセージや安心感を、相手に伝えることが大切なのだそうです。見知らぬ人同士が“Hi”と声を掛け合うのも、そのメッセージを伝える方法のひとつとのことでした。

わたしたちが暮らしていたシリコンバレーでも、それぞれに異なる母国語や文化、生活習慣を持つ人々が、互いを尊重し、生活の場を共有しながら生きていました。現地のアメリカ人だけでも異なる人種で構成されており、他者とのつながり方は、ほぼ同一人種が暮らす日本とは、本質的に異なっていたように思います。多国籍な人たちとの公私にわたる、つながりをつくる過程で、わたしは多くの知恵を学びました。

まず土台となる考え方としては、一人ひとりが異なる存在であり、相手は自分とは違うという大前提を常に意識し、それを尊重する姿勢が自分に求められます。

それから、相手の文化や考え方に興味を持ち、知ろうとする行動に進みます。相手に興味を持つことは、コミュニケーションにとって大切な基盤になるだけでなく、相手に対する気づきを促してくれます。日本人・外国人を問わず、これは人とつながる鉄則です。

最後に、忘れてはならないのが、相手に自分の意見や考えを伝える努力を怠らないことです。なかでもわたしが重要性を感じたのは、自分の考えを言葉で適切に伝える大切さ。言わなくてもわかってくれる社会ではないですし、様々な経験を培ってきた人同士では、同じ言葉を使っていても受け取っているメッセージは全く異なる場合もあります。

単に自分が言いたいことを発するだけではなく、相手にこちらの意図がどのように伝わり、受け止められているかを確認しつつ、つながりを深めるのが鍵になると感じました。

シリコンバレーでは、こうしたことを全部、英語で行わなければならず、スムースにいかなくて落ち込み、かなり苦労もしました。その反面、新しい発見や思いもよらない発想に触れて刺激をうけたり、徐々に深まっていくつながりに大きな喜びを感じたりと、数多くのポジティブな経験が得られました。

人とつながるためのこれらの心構えとスキルは、日本の生活でも大いに役立っています。

今は日本でも、世代や個人によって、意見や考え方が大きく異なる時代です。社会全体も、一人ひとりの個性を、尊重しようとする方向へ変わってきています。

外見が似通っている日本人同士でも、自分が一方的に主張するのではなく、相手が自分の発言をどのように受け取っているかを確認するプロセスが、すごく大事になるのではないでしょうか。

どこの国の人であろうと、人はそう簡単にはわかりあえません。そのことを冷静に受け入れたうえで、互いの真意を確かめつつ、一歩ずつ、わかりあえるところへ持っていく。その積み重ねで、相手との相互理解が深まるように思います。

自分と異なる人とのつながりは、自分自身の多様性を培い、新しい経験にチャレンジするきっかけをつくってくれることもあります。自分と異なる人と「つながる力」は、今後ますます重要になるでしょう。

ビジネスや成長に活用する「つながる力」

シリコンバレーでは、日常的に転職が行われており、多くの方が転職を重ねながらキャリアアップをしていく前提で仕事に向き合っていました。

アメリカでのわたしのメンター的な存在だったSさんの話では、米国でもSさんの親の世代では、そこまで転職は多くなかったらしく、人々の意識が変わったのだそうです。最近は日本でも、転職に対する意識がずいぶん変わりました。

現地では人々のつながり方も、転職を前提とするキャリア形成を意識したものであったように思います。つまり、互いの立場や関係が常に変わることを前提に、他者との関係構築をしていくのです。

日本では、同じ会社で長い間働く人の割合は高く、会社や組織のなかでの人間関係や上下関係も、いきなりドラスティックには変化しないのがほとんどです。そのため、管理職になって出世していくにつれて、横柄な態度で部下に接するようになる方もいます。

わたしは渡米する前から、そのような態度で部下に接する上司がいる日本の組織が、とても気になっていました。

シリコンバレーでは、横柄な態度で部下に接する上司はほとんど見かけませんでした。会社のトップ層であるほど、部下を含めた周囲の人々に、より配慮を持った接し方やつながり方を心得ていました。

誰が、いつ、どこの会社へ転職するかわからず、立場や関係性が常に変化する環境では、今日の部下が明日の事業パートナーや顧客になるかもしれません。多くの人が、常にそういった変化に柔軟に対応できる、つながり方を意識していたように思います。

現地で働いて強く実感したのは、人とのつながりが人の成長を創り、ビジネスを創るということです。誰もが次の転職を常に意識して現在の仕事に就いているので、自分の成長につながる実績を上げることや、キャリアアップに結びつくヒューマンネットワークの構築を積極的に行っていました。

シリコンバレー式のヒューマンネットワークの構築で、参考にすべきだと感じたことがあります。

自らの姿勢として見習いたい点は、それぞれが積極的に自己開示を行い、自分の強みをアピールするのが上手いということ。彼・彼女らは、常日頃から自分の強みを意識していました。現地ではイノベーティブなチャレンジや取り組みが山ほど行われるため、アグレッシブに情報発信することで、チャンスに巡り合う確率が高くなることが影響していたのかもしれません。

人との交流において見習いたい点は、友人や知人の成功やステップアップを、互いにポジティブに応援し合う姿勢。

友人や知人がよいポジションを得たり成功したりすることは、自分のチャンスをも広げる可能性になるというマインドです。実際に、面識のある方々のヒューマンネットワークを最大限に活かして、ビジネスを立ち上げたり、拡大したりする実例をいくつも見るにつれ、実にポジティブな思考とつながり方だなと感じました。

ひるがえって日本の組織では、働く人の流動性の少なさもあり、同僚の出世を応援する場合だけでなく、時には羨むことがないとはいえません。

終身雇用の時代が終わろうとしている今こそ、ポジティブなヒューマンネットワークを構築する、シリコンバレー式「つながる力」を参考にする時ではないでしょうか。

家族ぐるみで「つながる力」

アメリカでの生活は、夫婦で、あるいは家族でお付き合いをする機会が日本よりも多くありました。

パーティーなども基本はパートナー同伴の国であり、つながり方に対する習慣や考え方も日本とは結構異なっていました。単身で駐在する日本の方も多くいらっしゃるなか、わたしは家族で赴任したので、アメリカの生活に、より深く触れることができた気がします。

我が家でも何度かホームパーティーをしましたし、家族ぐるみでお付き合いをさせていただいた方々とは、日本の社会では滅多に持てないつながりを持てました。

なかでも、我が家に一番強い影響を与えてくれたのは、Sさん一家とのつながりでした。出会った頃、Sさんはクパティーノの隣町、サラトガに住んでいました。初めて家族で訪問させていただいた時には、庭に置いてあったスイングベンチに子どもたちが大喜びしたのを覚えています。

Sさんを通じてアメリカ人の家族や家族同士のつながり方を垣間見て、わたしが興味深く思ったことをお話しします。

まずは、親子の関係。寝室などを含め、親は子どもが小さい時から、子どもを夫婦のプライベートから独立させた育て方をしていること、そして、親が年老いても子どもに依存しない生き方を好むこと。

強い家族のつながりを持ちながらも個を大切にする、アメリカらしい一面だと感じました。

次に、夫婦の関係。もちろん個人差が大きいとは思いますが、日本の「男性は女性を守るべきだ」的な意識が少ないように感じました。

ご主人の転職の関係で、サラトガからシアトルに引っ越しをされたSさん宅へ、一度家族で遊びに行ったことがあります。

Sさんのご主人の話によると、アメリカでは所有するボートの大きさや台数が、裕福さを示すステイタスのひとつらしく、わたしたちはSさん一家の素敵なボートで、ワシントン湖での優雅なひとときを過ごさせていただきました。

ボートのエンジンをかける前に、船外のプロペラに絡まった海藻などの海ごみを、Sさんが手で取っていました。それを見た夫が、「自分だったら、あんな手が汚れるようなことを妻にさせられないな……」と呟いた言葉が印象に残っています。

そして、最後がハグです。ご存知のように、アメリカではお辞儀ではなく、親しくなるとハグを交わします。ハグを交わすようになるタイミングや、ハグを交わしたくなる状況が徐々にわかるようになり、わたし自身もハグを交わす相手が少しずつ増えるにつれて、ハグの力を実感するようになりました。

日本人同士では、家族以外の人と親しみを込めて身体を接触する機会って、ほとんどないですよね。ですから、最初は少々抵抗感のあったわたしですが、不思議なことにハグをする関係になると、これが心と気持ちに、結構強い影響を与えるんだなということに気づきました。気持ちの上でのつながりを深める、まさに、「つながる力」を生み出してくれるように感じたのです。

ところで、親しさが深くなると、ハグも進化して、身体をギュッとすることに加えて、右、左と、頬も優しく触れ合う、そんな挨拶になるんですね。Sさんのご主人はとてもハンサムな方でしたので、初めて進化系のハグに遭遇した時は、とってもドキドキしたことを今でも覚えています。

マネる力

マネる＝学びの実践

〝マネる〟って、〝生きた学び〟のことだと、わたしは思います。

人は生まれてから成長する過程で、親や周囲の大人たちをマネて、言葉の使い方や人としての生き方を覚えていきますよね。一方でわたしたちは大人になるにつれて、マネることが少なくなっていくような気がします。でも、マネるとは生きた学びの実践であり、わたしはとても意味のあることだと思っています。

わたしは、シリコンバレーで日本の社会や文化とは異なった考え方や習慣に刺激され、様々な気づきを得ました。そして、そのなかで「これはいい！」「これは自分の考え方や生き方に取り入れたい」と自分が思えることを、どんどんマネていきました。

現地でマネた事柄の多くは、その後のわたしの人生にポジティブな意味で大きな影響を与えてくれました。その間に、まさに生きた学びをさせてもらっていたのです。

ですから、わたしはコーチングをご提供する際には、「マネる力」を養うことをお勧めしています。

わたしがコーチングのベースにしている神経心理学（NLP）では、**マネることを「モデリング」と呼んで、大切な考え方のひとつに位置づけています。**

NLPは、世界的な言語学者であるジョン・グリンダー氏と、ゲシュタルト療法の専門家で数学者でもあるリチャード・バンドラー氏によって生みだされました。成功した人たちが、なぜうまくいっているのかを分析して、それを他の人が理解して「マネる＝習得する」ことができるように、体系化した手法なのです。

自分が「この人のようになりたい」と思う人の行動や考え方を分析し、それを自分なりにマネることとは、自分が望む方向に進むための近道にもなります。

「マネる力」を養うためには、まずは、この人のような振る舞いができるようになりたい、あの人のこういうところが素敵だな、など自分が周囲の人々の長所や美点に気づくことが必要です。ですから、周りの人たちをよく観察することが出発点になります。

その際、マネる相手は、ひとりに絞る必要はありません。人は、一人ひとり違うので、むしろシチュエーションに応じて、マネたい人をそれぞれ持つ方がよいでしょう。

マネたい人を定めたら、次に、その人はなぜそのような行動をとるのだろうか、自分がそのような行動をとったらどのような気持ちになるかなど、できる範囲でその人の気持ちや考え方を想像してみること。

そして、最後に自分なりに行動に起こしてみる、つまりマネてみるのです。このようなトレーニングを習慣にしていくことが、「マネる力」を養うことに繋がるとわたしは思います。

家族と過ごす時間を大切にする

わたしがシリコンバレーでマネてみて、よかったと思っているのは、ワーク・ライフ・インテグレーションに対する考え方です。

わたしが駐在していた20年前、すでに多くの人がワーク・ライフ・インテグレーションを意識した働き方をしていました。

なかでも夕飯を家族揃って食べることはとても重要な位置づけとされていて、同僚の大半は、夕方になると必ず家に帰るのです。残業をせずに帰宅できるように、皆さん仕事の効率を高める、デジタル化や自動化の工夫を積極的に進めていました。

たとえば、何か調査をして大量のデータ収集をした場合、日本では、夜な夜なデータを集計したり、時間をかけて報告資料をまとめたりする傾向がありますよね。

でもシリコンバレーでは、自動的にデータを分析し、サマリーができるような仕組みを積極的に活用するのです。人の作業はクリックして3分で終わる、というような効率のよいシステムを当時から導入していました。

家族でのひとときを過ごした後に、必要に応じて在宅で仕事をするという、柔軟な働き方もすでに取り入れられていました。

赴任前はわたしも夫も、残業をすることが頻繁にありました。そして当時の一般的な日本の家庭と同様に、平日の夕飯は、主に子どもたちとわたしだけの3人でとっていました。

でも、シリコンバレーでは、わたしは夕方には必ず子どもたちをChild Careへ迎えにいき、夫も夕飯には必ず家に帰ってきて、家族揃って食事をする生活に変えました。

夫もわたしも、家族で過ごした時間の後に家で仕事をすることも結構ありましたが、自分たちで仕事と家庭のバランスをとって働けることの幸せを、身をもって感じる日々でした。

家族全員で夕飯をとる習慣を生活に取り入れたことは、我が家にとっての大きな変化でした。その変化が子どもたちに与えた影響を実感したのは、日本に帰国してからです。

残念ながら帰国後は、再び家族揃って夕飯を囲みにくい生活に戻らざるを得なくなりました。

そうしたら、子どもたちが、「お父さんは？」と夫の不在を気にかけるようになったのです。

渡米前は、平日の夕飯にお父さんがいないことが当たり前になっていたので、子どもたちが父親の不在を気にかけたことは一度もありませんでした。何気ない子どもの言葉に、ワーク・ライフ・インテグレーションの重要性を強く感じた出来事でした。

自分だけで頑張りすぎない

私生活を犠牲にしない同僚たちの働き方以外にも、アメリカ人女性の暮らしぶりを見て学んだのは、自分だけで頑張りすぎず、積極的に外部のプロの手を借りる大切さです。

アメリカでの生活習慣や文化について、たくさんのことを教えていただいたSさん。Sさんは、ESLの先生をしながら2人の子どもを育てている方でしたので、仕事と育児の両立の仕方という意味でも、多くの学びがありました。

たとえば、夕飯にしても、息抜きのために時おり外食を取り入れる。

面白いな、と感じたのは、時にはマクドナルドで夕飯を済ませてしまうこと。たとえファーストフードでも、それもちゃんと“Dinner”なのです。

家の掃除にしても、定期的にハウスクリーニングを取り入れて、自分の時間の使い方にメリハリをつける。自分でやらなくてもよいと思えるところは手を抜いて、その代わりに子どもや家族と密度の濃い時間を過ごすための手立てを整える。

Sさんは仕事と家事や子育てを両立させるうえで、家事を外注するなどの工夫を、生活に自然と取り入れていました。

家事は女性がやるもの、食事は母親の手作りでなければならないと思いがちな日本人的な視点から、Sさんの考え方や生活スタイルに触れると、とても新鮮でした。かつ、なるほどね、とそこに合理的な割り切りを感じたのです。

こうした点については、実際にマクドナルドで夕飯を食べたり、家の掃除をプロに任せたりしたわけではありません。でも、そのような考え方を取り入れることで、どれだけ自分が楽になって、余裕が持てるようになるかを、マネる＝学ばせてもらいました。

すべてを自分だけで頑張りすぎないことは、仕事と家事や子育てのバランスを取るための鍵となります。同時に仕事で成果を出していくうえでも、とても重要なポイントになるでしょう。

子育て中の方々にはとくに、24時間のなかで、自分でやるべきこと・やらなくてもいいこと、他人の力を使わせていただくことの色分けを上手く行ってほしいと思います。

遊び心を忘れない

辛かった帰国

Child Careをはじめ多くの試練を乗り越え、子どもたちはアメリカでの生活に、本当によく馴染みました。それだけに日本への帰国が近づくと、帰国が辛いと大泣きをされました。

保育園卒園と同時に渡米して、日本の小学校に通った経験がなかった娘に、「日本の学校には行けない！」と泣かれたこと。普段あまり激しい感情を表さない息子に、「僕たちの気持ちを考えてくれていない」と叫ばれたこと。その時の部屋の風景や子どもたちの様子は、今でも強くわたしの記憶に焼きついています。わたしが本気で仕事を辞めようかと悩んだ2回目が、この時でした。

2人の苦労を知っていただけに、わたしも相当悩みました。

でも、最終的には夫婦揃って赴任をさせてくれた富士通に対しての責任感と、会社とのつながりを大切にしようと考えて帰国を決意しました。

この判断は、いつの日か子どもたちにとってもよかったと思える日がくる、そうなるようにしていけるはずだと信じて、日本に戻ることにしたのです。

ただ、子どもたちだけではなくわたし自身も、帰国したくなかったという想いを強く持っていました。それもあって、日本に帰国して何年かの間は、逆カルチャーショックから抜けられなくて辛かったです。

ちなみにわたしは、帰国後5年ほどの間、アメリカンチェリーが食べられませんでした。家族で住んでいたクパティーノの家のバックヤードにあった、大きなアメリカンチェリーの木に、子どもたちが登って遊んでいたその懐かしい光景を思い出すだけで、涙が出そうだったからです。

苦しい時こそ遊び心を忘れずに

アメリカで暮らす前までは当たり前に受け止めていた日本の慣習に、わたしは違和感を感じ、生活に慣れるまでに時間がかかりました。

現地の生活では公共交通機関を全く使わなかった反動もあり、毎日の通勤時に満員電車のなかで過ごす時間は耐え難いものでした。アメリカでは、見知らぬ人同士が身体を触れ合うことはありませんし、逆に触れないように極力気をつけています。
それだけに、多くの見知らぬ人々が箱詰めにされ、身体の接触を余儀なくされる満員電車に、強い嫌悪感をぬぐえませんでした。

わたしは当時、南武線の武蔵中原駅の直ぐそばにある富士通のオフィスに通勤していました。毎朝、ホームから改札口に降りる幅広い階段を、黒い頭と黒っぽい服装の人々が埋め尽くす光景を見るたびに、恐怖すら感じたことを覚えています。生活環境や習慣で人の意識がここまで変化するんだな、と自分でも驚きました。

社内で頻繁に行われる打ち合わせへの出席も、長時間拘束されることもあり、わたしにとって非常に辛く感じられました。
新しい領域での未知の仕事にアサインされて、わたし自身の内容への理解が浅かったのも影響していたのだと思います。

今だからお話しできますが、わたしはその辛い時間をやり過ごすために、自分だけのゲームを考えて、実行していました。名付けて「ひとり同時通訳ゲーム」です。
それは、発言者の発言を頭のなかで英語に翻訳するものでした。

アメリカでの生活のおかげで、当時のわたしは英語がとても好きになっていました。ぼーっと打ち合わせに出ていると苦痛だった時間は、次々に発言される内容を英訳して頭のなかで英語の会議を繰り広げることで、ちょっとした楽しみな時間になったのです。英訳するためには発言者の発言内容をしっかりと聞きとらなければいけません。それが結果的に、仕事への理解促進にもつながったかな、と自分では思っています。

この遊びのおかげで打ち合わせの辛さも次第に薄れ、英語力のキープにも役立った気がします。わたしはこの時の経験から、辛い時でも、いや辛い時だからこそ、遊び心を忘れてはいけないんだな、ということを学びました。

遊び心を忘れずに、ワクワクすること、楽しいことを自分で創り出す工夫って、辛いことも楽しいことに変えてくれる力を持っていると思います！

わたしの心を支えてくれた「本の力・言葉の力」

わたしの心を支えてくれた「本の力」

わたしたちが生活している現実の世界って、案外狭いものです。

シリコンバレーで異なる文化や生活と考え方に触れたわたしは、それまでの自分が生きてきた世界は限られた範囲だったんだな、と気づきました。

帰国後のわたしは身近に相談できるメンターがいなかったこともあり、海外の経営者の本を原書で読むことに夢中になりました。そして、それ以降も、キャリアや生活のなかで壁にぶつかるたびに、本の世界にヒントを求め、自分なりに試行錯誤を続けてきました。

洋書にこだわったのは、英語に触れる楽しみとともに、経営者自身がどのような言葉で想いを表現しているかを、直接味わいたかったからです。思い煩っていたわたしの心を支えてくれたのは、本で出合った経営者たちでした。

本を読むことは小さい時から好きだったわたしですが、苦しい時期の読書は、人を救う「本の力」の凄さを実感させてくれました。

The 4-E AND 1-P Framework

この頃、一番夢中になった人物は、ゼネラル・エレクトリック（GE）社の元会長 ジャック・ウェルチ氏でした。

書籍『jack - STARTING FROM THE GUT』には、ウェルチ氏の自伝が書かれています。彼の生い立ちや生き様、それぞれの状況において何を想い、どのような行動を取ったかを読んでは、わたしなりに想いを馳せました。

当時のわたしがウェルチ氏にのめり込んだ一番の理由は、彼の生き方や考え方に共感したからだと思います。本で描かれている世界で過ごす時間を持つことが、現実のカルチャーショックへの大きな癒やしとなっていたのです。
なかでも The 4-E AND 1-P Framework という考え方が好きでした。著書、『WINNING』より引用してみます。

The 4-E AND 1-P Framework（リーダーに必要な〝4つのEと1つのP〟）

Positive energy（自らが活力に溢れていること）
The ability to energize others（目標に向かう周りの人を元気づけられること）
Edge- the courage to make tough yes-or-no decisions（厳しい状況判断を下せること）
Execute- the ability to get the job done（成し遂げる実行力があること）
Passion（情熱）

出所：“WINNING” by Jack Welch: Harper Business, 2005

リーダーとは、経営者とは、どのようなマインドでどのように行動することが必要なのかが、端的に表現されています。

わたしもこのマインドを持ち続けていきたいと、強く思いました。後に、大胆にもわたしが初めて幹部社員に昇格した時の決意表明に盛り込んでしまったほどです。

Keep looking. Don’t settle.

もうひとり、長い間、わたしが心の支えにさせていただいたのが、アップル社のＣＥＯだったスティーブ・ジョブズ氏です。

わたしはスティーブ・ジョブズ氏に、とても魅力を感じていました。アメリカ駐在時にわたし自身が、アップル社の本社がある町、クパティーノに住んでいたことも影響しているのかもしれません。また、携帯電話やスマートフォンの開発に10年以上携わったことも大きく関係していると思います。

2011年10月5日に彼の訃報をニュースで知った時、わたしはスマートフォン開発の真っ最中でした。大きなショックを受けて、職場の同僚と慰めあったオフィスの情景が、わたしのなかで驚きと悲しみが混ざり合った映画のワンシーンのように記憶に刻まれています。

国内メーカーで携帯電話・スマートフォンを開発していたわたしにとって、iPhoneはコンペティターでもあり、先生でもありました。わたしは、iPhoneが発売されてから10年以上の間、右のポケットには自分たちが開発している富士通のArrowsを、左のポケットにはiPhone最新機種を入れて生活していました。

たとえば、カメラ機能で写真を撮る時は、必ず両方の端末で同じシーンを複数枚撮影して、画像を比較し、自分たちの開発にフィードバックをし続けました。

「彼を知り己を知れば百戦殆うからず」というマインドで。

とくにわたしは、スティーブ・ジョブズ氏が2005年6月12日にスタンフォード大学で行ったスピーチの言葉が好きです。もう数百回以上は聞いたでしょうか。辛い時や気持ちが落ち込むことが続くと、彼のスピーチを聞きたくなります。

これを聞くと、不思議と前向きな気持ちになれるのは、今でも変わっていません。

「言葉の力」ってすごいです。ちなみに、わたしが常に心のなかで思い出す一番好きなフレーズは、この部分です。

Your work is going to fill a large part of your life, and the only way to be truly satisfied is to do what you believe is great work. And the only way to do great work is to love what you do. If you haven't found it yet, keep looking. And don't settle.

仕事は人生の重要な位置を占めています。真に満足できるただひとつの方法は、素晴らしい仕事だと心底思えることをやることです。

そして素晴らしい仕事をやり抜くただひとつの道は、あなたのする仕事を愛することでしょう。

好きなことがまだ見つからないなら、探し続けてください。決して立ち止まってはいけません。

運よく現実の世界で、メンターやロールモデルを見つけられたら幸せですが、そうはならない時もあるかもしれません。

けれども、本の力を使えば、直接会うことの叶わない、多くの素晴らしい方々に出合い、刺激を受け、心のロールモデルにすることができる。

それって、自分の現実の世界を拡げる行為だとわたしは思います。リアルな世界が辛かったり、悩みから抜け出せなかったりする時こそ、視点を拡げて本の力、言葉の力を活用してみてはいかがでしょう。自分自身の経験からもお勧めします。

なぜなら世界には、素晴らしい人たちがいっぱいいるのですから!

9・11の記憶

毎日、それなりのボリュームの宿題が出され、ちゃんと宿題を提出することが重要視されていた現地の小学校生活で、たった1日だけ、娘が出された宿題を机のなかに入れ忘れたまま帰ってきてしまった日がありました。家に帰ってから忘れ物をしたと気づいたのですが、時すでに遅し。

放課後の教室には鍵がかかり入れません。それで仕方なく次の日に早起きをして、急ぎ学校へ向かいました。

宿題を取りにいき、すぐに娘に持ち帰った宿題をやらせて、遅れないように子どもたちを学校へ送っていく、という普段とは全く異なる朝を過ごしていたのです。

その日は偶然、夫もサンフランシスコに出張のため、いつもより早く家を出ていました。夫から電話がかかってきたのは、子どもたちを学校に送り届けて、一度家に帰って、出社するために身支度をしていた時でした。

「ニュースを見たか?」と逼迫した声で聞かれたのです。

「テレビをつけて見た方がいい」と言われて画面を眺めると、目に飛び込んできたのが、一生忘れることができない、ワールドトレードセンターから黒い煙が出ている、あの映像でした。

午前8時46分、アメリカン航空11便が北棟に激突したニュースが流れた直後だったと思います。そして、午前9時3分には、ユナイテッド航空175便が南棟に激突しました。

いつもの朝ならば、ニュースをチェックするためにテレビをつけているのですが、たまたま、その朝だけは、子どもの宿題に気を取られて忘れていました。

まさか、こんな大事件が国内で起きていたとは夢にも思わず、何が起こったのか、事情が掴めないまま、映像に衝撃を受けていました。

慌ててパソコンを開くも、恐らくアクセスが集中して輻輳したのか、いつもならすぐに立ち上がるCNNのサイトが、その時ばかりは一向に表示されません。ひとりでパソコンの前に立ちすくんだ時の恐怖感は、鮮明な記憶で残っています。

正直、恐ろしさで身体が震えました。それでも、心を落ち着けてとりあえず急ぎ出社。

出社した直後、午前9時37分に起こったのが、アメリカン航空77便によるワシントン郊外にある国防総省（ペンタゴン）の西壁への突入です。午前10時3分には、ユナイテッド航空93便の墜落も報じられました。その日は学校も早く閉じる事態となり、わたしは子どもたちを迎えに早めに帰宅しました。

ニューヨークから離れたカリフォルニアとはいえ、ハイジャックに使われた4機が、いずれもサンフランシスコやロサンゼルスなどへ向かう便だったことで、西海岸でも非常事態となりました。次はシリコンバレーがターゲットになるという噂も、まことしやかに流れたのです。

連日放映されるワールドトレードセンターの映像が、西海岸の人々に与えた影響には深刻なものがありました。ワールドトレードセンターから人が落ちる映像は、今でも忘れることができません。

それから10年後の２０１１年に発生した３・11。地震が発生したその時、わたしは武蔵中原にある富士通の川崎工場本館、23階建てビルの13階で、モバイルフォン事業本部の会議に出席していました。本部の拠点がある仙台オフィスも含めたオンラインでの会議中に、突然ビルが円を描くように揺れ始めました。

仙台オフィスの画面が遮断され、ビルの窓からは、火災が発生したのか煙が見えたことを覚えています。

この時一番怖かったのは、地震よりもエレベータが止まったビルの、各階から脱出する人で込み合う階段を下りることでした。階段を下りている最中に、ワールドトレードセンターの映像が急に頭のなかに蘇り、このまま生きてビルから出られないのではないか、と強い恐怖に襲われたのです。

10年の時を経て、同じ11日に起こった２つの出来事が、わたしのなかで不思議な形でつながった瞬間でした。

心臓の強い鼓動を感じながら降り続けた階段。無事にビルから地上に出て、いつもの見慣れた景色を目にした時は、本当に嬉しかったです。この日は、結局自宅には帰れず、オフィスの自席で朝まで過ごしました。

第4章

富士通で得た「ともかくやってみよう」の精神

The mindset of "Fortune favors the brave" at Fujitsu

「ともかくやってみよう」
自分でやってみる。
あきらめずに、ともかくやり続ける。
新しいことを始める時は、
まずは、小さくても、やってみる。
次の一歩、更に次の一歩と、
アクションを起こしていく。

人を幸せにするものをつくる

富士通で培った、ものづくりの楽しさ

富士通で過ごした日々は、わたしの「社会人としてのわたし」を大きく成長させてくれました。中学・高校で出会った素敵な数学の丸山先生の影響で、大学4年生の卒業間際まで数学の教師になるつもりでいたわたし。

わたしにとって富士通への入社は、ある意味、人生で起きた偶然の出来事のひとつなのです。その偶然が、仕事を通じて出会った多くの方々や数々の経験から、ビジネスのやり方、面白さ、そして、社会で女性がしなやかにキャリアを育んでいくための貴重なマインドセットなど、実に多くのことを学ぶ人生の宝と思える時間を生みだしてくれたのです。

わたしは富士通で、多くのものづくりに携わってきました。最初は、NTTや企業向けの通信装置の開発。次に、携帯電話やスマートフォンの開発。そして、IoT向けのウェアラブル

デバイスとそれを使ったサービス。最後は、ＡＩ技術を活用したサービス。共通するのは、世のなかの役に立つ新しいものやことを生みだし、世のなかに提供し続けていく、ものづくりやことづくりであること。

それらのものづくりやことづくりを通して、わたしが最も強く実感したのは、「人生は勉強の連続」だということ、そして、仕事と自分自身の成長や楽しさは、車の両輪のようなものだということでした。

「人を幸せにするものをつくる」というわたしのパーパス

仕事で面白さや自分自身の成長を実感するための秘訣は、何のために自分はこの仕事をしているのか、という**「何のために」**を明確に持つことだと思います。

とは言っても、担当している仕事の内容によっては、なかなか、それを明確にするのが難しかったり、何かのきっかけが必要な場合もあるでしょう。実は、わたしの場合も、ゆるぎない「何のために」を持つことができたのは、携帯電話の開発に携わったことがきっかけでした。

今となってはわたしたちの生活に欠かせない、人に一番身近な情報機器のスマートフォンですが、わたしが携帯電話の開発に携わり始めた２００３年頃は、デジタルカメラの搭載やゲームアプリの増加により、電話としての機能から大きく位置づけが広がっていった時期でした。人々の生活に利便性をもたらす一方で、携帯電話に子どもが夢中になると、勉強が妨げられ、視力が低下する恐れがあるとして、小中学校では携帯電話を持つことや、その使用を制限する学校も目立ち始めました。

実際、わたしの子どもが通っていた小学校でも保護者会で携帯電話に対する懸念の声を聞くようになり、開発に携わっていたわたしは、自分たちは何のために携帯電話を開発するべきなのだろうかということについて、深く考えるきっかけになりました。

富士通のような大企業は、社会に大きな影響を与える立場にあります。

ですから、富士通がつくる携帯電話は、便利で役に立つことに加えて、使う人を幸せにする製品でなければならない、そして、わたしたち開発者は、人を幸せにするものをつくらなければならないと強く考えるようになったのです。それ以来、「人を幸せにするものをつくる」ということが、わたしにとってのゆるぎない「何のために」になりました。携帯電話やスマートフォンだけでなく、その後に携わったＩｏＴやＡＩの事業でも、それは変わりませんでした。富士通でＡＩ事業に携わっていた時から始まり今でも、わたしが、人がＡＩを使う時に気をつけるべき倫理やガバナンスにかかわり続けているのも、この「何のために」がモチベーションになっています。

【わたしのパーパス】

FUJITSUユニバーシティ/2013年9月

第108回 FUJITSUユニバーシティ オープンセミナー開催
・シリーズ・人間を考える

2013年9月17日（火）18:45〜

目まぐるしく変化する時代――、いまこそ、一人ひとりの「人間の力」が重要になる。本能から湧き出る情熱や感動、さまざまな体験や失敗を繰り返しながら物事の本質を見抜く行動力と感性、変化に対応しつつもぐらつかない信念と責任感 ―― 組織の活力や創造性、そしてお客様との信頼関係は、そういった一人ひとりの「人間力」から育まれるものではないだろうか――。FUJITSUユニバーシティでは、みなさん一人ひとりが持っている「人間力」を振り返り、見つめなおす場として、さまざまな分野で真剣に生きている人びとの生の価値観・人間観に触れるオープンセミナーを開催します。

人を幸せにするものをつくる

●らくらくホン、らくらくスマートフォンから次世代の杖へ●

富士通株式会社　ユビキタスビジネス戦略本）先進開発統括部
中条 薫（ちゅうじょう・かおる）氏

■ 概 要 ■
シニア世代を中心に高い支持を受けてきた「らくらくホン」は、使う人の気持ちに寄り添ったわかりやすさや、使い心地の良さが評判となり、長期間にわたりファンを獲得してきました。近年はスマホに興味を示すシニア世代が増え、2012年からは、「らくらくスマートフォン」もデビューし、注目を集めています。お客様の声を形にした、富士通が誇る人に優しい製品づくりの裏には、開発に関わってきた人たちのどのような思いが込められていたのでしょうか？またこれから何を目指して進化していくのでしょうか？長年らくらくホンシリーズの開発に関ってこられ、現在ユビキタスプロダクト全体の先行技術開発を担務されている中条統括部長から、入社以来、歩いてきた過程で、転機となったことや気づきを含めて、ものづくりにおいて大切にしていることや、未来への可能性について、お話しいただきます。

□講師略歴：中条薫（ちゅうじょう・かおる）氏□
入社以来、通信関係の信号処理技術開発に携わり、研究所と連携して新技術の製品化を行う。
長男と長女出産のため、これまでに産前産後育児休暇を計２回取得。2000年3月より家族で米国に赴任し、富士通米国研究所で3年半、ネットワークの研究に従事。
帰国後、モバイルフォン事業本部で携帯電話のカメラ、マルチメディア、スマートフォンの先行技術開発等を担当。現在、ユビキタスビジネス戦略本部先進開発統括部で、ユビキタスプロダクト全体の先行技術開発を担務している。

今、多くの企業で、その企業が何のために存在し、何のために事業をするのかを示す**「パーパス」**を明確にする動きが進んでいます。

そのパーパスは、企業にとっての「何のために」です。自分が所属している企業や組織のパーパスとあなた自身が大切にしている価値観や自分自身の成長に向けたゴールが重なるところ、共感できるところを探してみましょう。

そして、その重なりを、**仕事における「あなたのパーパス」**として明確にすることで、仕事とあなた自身の成長や楽しさを、より結びつけることができると思います。

「ともかくやってみよう」の精神

「ともかくやってみよう」

富士通のDNAである**「ともかくやってみよう」**社内で広く浸透していた数々の精神を表す名言のなかでも、わたしが大好きだったのが、富士通の第八代社長・小林大祐氏が、1983年に出版した本の題名（題名自体は、『ともかくやってみろ』）にも使われたこの言葉でした。

小林社長は、この「ともかくやってみよう」に、2通りの意味を込めていらっしゃいました。

ひとつは、人から聞いたり、本で読んだり、言われたりしたことを、そのまま信じずに、まずは自分でやってみる。

もうひとつは、これはできないんじゃないか、厳しいのではないかと思うことでも、諦めずに、ともかくやり続ける。そこでの最後の踏ん張りが、困難を乗り越える力になるというものです。

わたしは、自身の富士通での経験を通じて、さらにもうひとつの意味でこの言葉を大切にしていました。新しいことを始めたり、経験のないことにチャレンジする時、いつまでも悩んだり考え続けるのではなく、まずは、小さくても、やってみる。そして、その結果や反応をみて、次の一歩、更に次の一歩とアクションを起こしていく。そういう「ともかくやってみる」が大切だと。

そして、この言葉には唱える人の活力を引き出し、幸せを呼び、気分をポジティブにしてくれる、そんな力があると、わたしは長年信じていたのです。

「ともかくやってみよう」は幸せの第一因子！

最近になって、わたしの推測を実際に裏付ける、研究データも発表されました。

近年、世界的にウェルビーイング（身体的、精神的、社会的に良好な状態）の重要性が盛んに言われていますが、日本でも幸福学の第一人者の前野隆司氏が、幸せに影響する要因について研究を進められています。

前野教授の研究で、人は、4つの心理的な要因を満たすように心がけることで幸せと感じられるようになることが判明しました。それらは「幸せの4つの因子」と名付けられ、その第一因子が、「やってみよう」だったのです。感じ続けてきたポジティブな力が、科学的にも裏付けの得られるものだったんだ、と実感を持って納得した出来事でした。

70%スタート

「ともかくやってみよう」を実践していくために役立つ2つの考え方をお話しします。

ひとつ目は、「どうやったらできるか」を考える習慣をつけることです。わたしたちは、これはできないんじゃないか、難しいのではないかと思うことに直面すると、できない理由や難しい理由を、つい考えがちではないでしょうか？　そういう気持ちになると、人間の脳は、できない理由につながる情報を色々と集め始めますから、ますます、できないことが正しいことのように感じられるようになってしまいます。そうなると、なかなか、やってみようという気持ちにはなれません。

簡単にはできそうにない、でも、やるべきだと思えることに遭遇したら、100%が目指せなくてもいいと割り切って、まずは、全体の一部だけでも、「どうやったらできるか」を考えるのです。どうやったらできるかを考えるマインドにすることで、できるようになるための情報が目につくようになったり、サポートしてくれそうな人に出会ったりすることに気がつくことでしょう。
大切なのは、始めからできないマインドに陥ってしまうのではなく、できるようにするための前向きマインドに自分の意識を持っていくことなのです。

2つ目は、「70％スタート」という考え方です。
わたしは、携帯電話やスマートフォンの開発を行っていた時に、この考え方が身につきました。例えば、ある機能を新規に搭載する場合、盛り込みたい仕様が10個あるとします。でも、10個すべてを検討していると次の機種への搭載が間に合わなくなってしまう、なんていうことがよく起こりました。そんな時、10個の仕様にこだわって時間をかけすぎていると、

「おい、100％症候群に陥ってないか？」

と声をかけあったものです。盛り込みたい仕様の10個に囚われすぎて、柔軟な判断やアクションができなくなっている状況を「100％症候群」と称して、組織全体で気をつけていたのです。

「70%スタート」は、とくに、新しいことを始める時の現実的な取り組み方だと思います。70%に割り切ること自体を難しく感じられる時に使える方法が2つあります。

まずは、どこかを賢くサボる。スタートするために必要だと考えていることの全体を、一歩離れたところから客観的な視点で観てみる。第三者に客観的な意見を聞いてみる。そうすることで、とりあえずなくてもさほど大きな影響がなさそうなところを見つけて、賢くサボってみる。そのようなところは、実は、スタートしてみたら本当にいらなかったとか、実は、少し違う観点が必要だったということが結構あるものなのです。

あるいは、視点を変えてみる。盛り込みたい10個の仕様を7個に減らしたうえで、その7個で価値を生みだすための工夫を考えてみる。

視点を変えてみることで、よりシンプルで筋のよい方法が見つかるかもしれません。始めから10個でスタートするよりも、7個で価値を出し、反応を見ながら更に価値を高める工夫を重ねていく方が結果的にニーズを上手く捉えていける場合もあります。

今、わたしたちは、何が正解なのかわからないなかで新たなチャレンジに取り組むことが増えています。新たな取り組み、正解が決まっていない取り組みは、70%スタートで小さいところから「ともかくやってみる」ことをお勧めします。

夢をかたちにするメソッド

夢をかたちに

「ともかくやってみよう」と並び、わたしが好きだった言葉に、**「夢をかたちに」**があります。

わたしが入社した当時の第九代社長である山本卓眞氏が広められたこの精神は、会社の使命を表した言葉であり、大勢の社員が好むものでもありました。わたしもこの言葉がとても好きでしたので、技術とビジネス分野の雑誌への寄稿や講演などの機会には、タイトルに「夢をかたちに」というフレーズを盛り込ませていただいたことが何度

【わたしの「夢をかたちに」】

エッセイ

夢をかたちに（第6回）

今年は、㈱富士通研究所、富士通㈱、㈱FUJITSUユニバーシティのご協力により、富士通の女性エンジニア・研究者のエッセイをお届けしています。

ヒューマンセントリックで夢をかたちに

中条　薫

毎年2月にスペイン・バルセロナで開催されるモバイルの祭典“MWC（Mobile World Congress）”に『次世代の杖』を出展した。この杖は、高齢者向けの見守りサービスを目的としたICT機器である。スマートフォンと同様の通信機能や位置を測位するGPS機能を持ち、グリップ部にLED、バイブ、心拍センサーなどを搭載している。グリップ部のLEDで進む方向を表示したり、方向が間違っている際には振動で知らせてくれる。杖を突いた回数、心拍数などを日時や場所の情報と合わせて記録。利用者が外出時に杖を使うだけで、目的地までのナビゲーションや心拍や歩数などの健康情報の収集が自然に行え、クラウド連携

かあります。

「夢をかたちに」の言葉は、それを見聞きする人間の気持ちに、ワクワク感を与えてくれます。このフレーズを口ずさんだり、文字に書いたりするだけで、ポジティブな気分になれる、そんな素敵な言葉だと思ってきました。

夢をかたちにするメソッド

人は誰でも自分なりの夢を持ち、それを実現させたいと願うものだと思います。

でも、ぼんやりと夢を思い描いているだけでは、ささやかなものであろうと、途方もない大きな夢であろうと、それを叶えるのは難しいかもしれません。夢をかたちにして、いつか離陸させるには、具体的な行動が伴わないと不可能だからです。

わたしは、夢をかたちにするには、そのためのメソッドがあると考えています。

メソッド1　目標の立て方

夢をかたちにしていくための目標の立て方には、いくつかのコツがあります。

まずは、目標の内容。目標の価値は達成することだけではなく、今の自分をどれだけ変えて、夢に近づくことができるかで決まってきます。ですから、目標は、取り組むこと自体に価値がある内容にすることが大切です。

次に、目標のレベル。自分が達成できそうだと思うところに目標を設定しがちではありませんか？　人間の脳は、ある意味で節約志向なので、目標のレベルに応じたエネルギーしか消費してくれません。ですから、目標を少し高く設定することが重要です。

メソッド2　視点の持ち方

視点の持ち方には、3つのファクターがあります。

①高さ

視点は、1段高く持ちましょう。1段高い視点とは、例えば、自分のポジションより1つ上にあたるポジションの人や自分が目指しているポジションの人が、どのような視点で物事を捉え、発言し、行動し、さらにその上のポジションの人と接しているのかを観察して、自分も同じ立場で物事を考えることを意味します。

②広さ

広さとは、自分の所属するチームや部署、および専門領域などの、幅広い意味での自分が慣れ親しんだ環境を表します。

自分とかけ離れたコミュニティなどへは参加しにくいかもしれませんが、少なくとも、隣の芝である関連部署や取引先までは覗いてみましょう。

自分の動きが隣の芝にはどう影響を及ぼすのかを観察したり、知らなかった事柄を見聞きしたりすることは、自分自身の経験を広げて、思考を深めます。ですから、視野はできるだけ広く持ちましょう。

③長さ

夢をかたちにするために重要なファクターが、長さで表される時間軸です。

仕事には必ず期限があるので、短期的な目標や課題などを、最優先にしなければならないこともあるとは思います。でも、足元ばかりを見ていては、夢をかたちにはできません。

今年だけではなく、少し先までを3つのスパンで眺め、年単位で物事を考えるようにしましょう。

スパン1（目先の目標）：今月のノルマや目先のやらなくてはいけないこと
スパン2（その先の自分）：それをかなえるとどんな自分になれるのか、その先の目標は何かを意識する
スパン3（本当の夢）：どんな人になりたいか、どんなことを実現したいかを少し長い時間軸で考える

メソッド3　行動の起こし方

　夢をかたちにするためには、行動が必要です。その時の行動の起こし方は、「ともかくやってみよう」でお伝えした方法、つまり、「どうやったらできるか」を考え、「70%スタート」で小さな一歩を明日から踏み出すことが鍵になります。

　夢をかたちにするためには、あなた自身がかたちを明確にイメージし、かたちになることを信じて小さな一歩を踏み出し、一歩一歩できたことを集めて確度を高めていくことが必要なのです。

「なんか上手くいきそうな気がする。ほら、やっぱり上手くいった」

　脳科学の実験で、確信度合いが60%を超えると、脳が信じ込みを現実化しようとす

【夢をかたちにするメソッド】

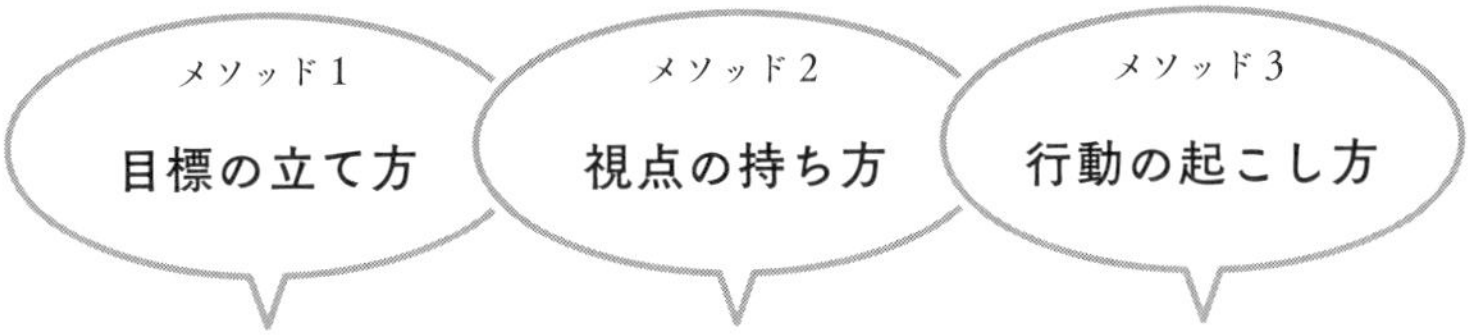

〈内容〉
取り組むこと自体に
価値のある内容にする
〈レベル〉
少し高く設定する！

〈高さ〉
一段高く！
〈広さ〉
隣の芝まで覗いてみる
〈長さ〉
3つのスパンで観る
スパン1：目先の目標
スパン2：その先の自分
スパン3：本当の夢

〈どうやったらできるか
マインドで〉
〈70%スタートで〉
小さな一歩を明日から

ることがわかってきました。一つひとつの積み重ねがかたちに繋がるのです。

仕事はもとより、自分の人生での夢を叶えるためにも、ちょっと視点を高くして、自分のめざす人の思考パターンを取り入れ、自分の将来について時折考えてみる。

そういった取り組みは、企業でキャリアを積んでいる方はもちろん、新入社員、フリーランス、仕事のブランクがある方など、どのような立場の方にも役立つでしょう。

あなただけの「強み」の見つけ方

あなたの強みとまわりの強みを掛け合わせよう

企業であれ人であれ、自分の「強み」が他者の「強み」と掛け合わさることで、思いもよらなかった新しい気づきが生まれ、新たな発見やわくわくにつながる確率が高まります。いくつもの製品開発や事業を行うなかで、わたしは何度もそのような経験をしました。

とくに、変化の激しい時代にイノベーションを起こし、モノ・コト・サービスに新たな価値を打ち出していくためには、他者とのコラボレーションが不可欠です。なぜなら、新しいアイディアや発想には、自分の考えと異なる考えとの組み合わせによる新たな価値創造が必要だからです。

コラボレーションは、仕事の成功と密接に関係しています。それは、ビジネスでもプライベートでも同様に、今後ますます重要な要素となるでしょう。

ところで、コラボレーションを成功させるコツは、何だと思いますか？

ずばり、「強み」の掛け合わせができるかどうかにかかっていると思います。

一緒に取り組めば何かが生まれるだろうという、漠然とした気持ちで他者とかかわっても、そこからは何も生まれません。単に誰かと一緒に取り組みさえすればよいものを生み出せるかというと、決してそうではないのです。

コラボレーションとは、あくまでも自分の「強み」（＝軸）と、他者の「強み」との掛け合わせです。ですから、コラボレーションを成功させるためには、その前提として自分の「強み」（＝軸）が明確でなければなりません。

自分の「強み」（＝軸）を知って、それを他者の「強み」と掛け合わせるからこそ、新しいものが創造されるのです。

「強み」と「強み」がつながり、新しい何かを生みだす可能性を秘めたコラボレーション。それを成功へ導けるかは、当事者の気持ちと行動にかかっています。

「わたしたちの取り組みが、新しい価値を生み出していくんだ」と楽しみながら、ワクワクを感じて、粘り強く行動し続けるのが、コラボレーションを成功させる秘訣だといえるでしょう。

自分の「強み」の見つけ方

コラボレーションには欠かせない「強み」の見つけ方ですが、自分が人より優れているところを自覚するのは、案外難しいものです。それで、わたしの経験を踏まえた、強みの見つけ方を参考までにお伝えします。

最初に、強みの土台となる価値観を明確にします。

「強み」のベースには価値観（軸）があります。「強み」を見つける前段階として、第2章でお伝えした価値観の棚卸をして、自分の大切な価値観を明確にしておきましょう。

次に、自分の持つ無形資産の棚卸をします。

「強み」の土台となる価値観がわかったら、それにつながる無形資産の棚卸に移ります。無形資産には、スキルや知識の他、経験やノウハウ、ヒューマンネットワーク、独自に持っている顧客基盤、個人の持つ独自性なども含まれます。

自分がどうありたいかについて考えるうちに、無形資産の一部が強みとして浮かび上がってくることがあります。無形資産を確認する作業とともに、自分のありたい姿をできるだけ具体的にイメージすることを同時進行するとよいでしょう。

自分の価値観やありたい姿と「強み」が離れていると、「活かせる強み」が生みだせないので、それらの繋がりを大切にしましょう。

自分の価値観（軸）と無形資産、自分のありたい姿と向き合い、「強み」を意識する作業は、成功するコラボレーションへの第一歩です。

ちなみに、自分の「強み」を意識できるようになると、他の人の「強み」を見つけるのも上手になります。ですから、「強み」の発掘には、じっくりと取り組んでいきましょう。

互いの「強み」と「強み」の掛け合わせが、イノベーションと新たなシナジーを生むのは、他者とのビジネスだけではありません。趣味の世界でも、ボランティアでも、人と人とがかかわる、あらゆる場面で通用する大切なルールでもあるのです。

子育てとマネジメントの共通点

人を育てるということ

組織を育てることは、つまるところ人を育てることだと思います。

家庭での子育てと組織における人材育成には通じるものがあると、わたしはずっと感じてきました。

わたしは富士通で約15年間、幹部社員としてマネジメントに携わってきました。組織のマネジメントで大事な観点には、組織が向かうべき方向性を示す、持続的に成長するサステナブルな組織構築などが挙げられますが、わたしは人材育成を最も重要なことのひとつだと考えています。

親は子どもを育てながら、幸せになってほしい、本人の力を最大限に発揮して自分が満足できる人生を送ってほしい、世のなかに役立つ人間になってほしい、と望みますよね。

それらは、人を育てるという意味で、組織においても本質的に同じだと言えます。

そして、子育てをする親が持つべき大切な3つの観点は、まさに、これからのリーダーにも必要とされると思うのです。

これからのリーダーには、ぜひこれらの観点で、人材育成を実行していただきたいと願います。


1つ目は、部下を褒めて育てること。

2つ目は、家庭が子どもにとって温かく安全な場所であるように、職場も心理的安全性を得られる場所であること。

3つ目は、本人が自己決定感をもてるようにすること（部下が意思決定をする際には、自分で考えて、決めさせる）。


このような観点からマネジメントを考えると、子育てをするワーキングペアレンツの知恵や知見を、もっともっと組織のマネジメントに活かせます。

また、これらは個人の「自分育て」にも適用できる概念でもあります。自分に寄り添い、時には自分の親となって、温かい気持ちで自分自身を包んであげる。そんな自分を育む意識は、自分と周囲の人の成長を促すことにもなるでしょう。

褒め方と叱り方にはコツがある

人は誰かにかけられた言葉で救われ、また言葉によって傷つくものです。人の心に深い影響を及ぼすにもかかわらず、わたしたちは言葉の取り扱いに、それほど注意を払っていないことが多いのではないでしょうか。

せっかく言葉を発するのであれば、相手に意図せぬ無用なダメージを与えるリスクを減らし、相手を元気にしたいものです。ですから、リーダーはもちろん、わたしたち大人は、学校では習わない、言葉のかけ方を理解しておくべきだと思います。

第1章でもお話ししましたが、神経心理学（NLP）による「意識のレベル」に対する研究では、人間の意識は5段階に分けられることがわかっています。

これまでお話ししてきた自分の価値観は上から2段目にあたり、それよりも高いレベルは、「自分は何者であるか」を示す、アイデンティティになります。これらの下は、順に能力、行動、自分が置かれている環境となります。

イラストで示されているように、上位2つの意識である、信念・価値観とアイデンティティ

【褒め方と叱り方】

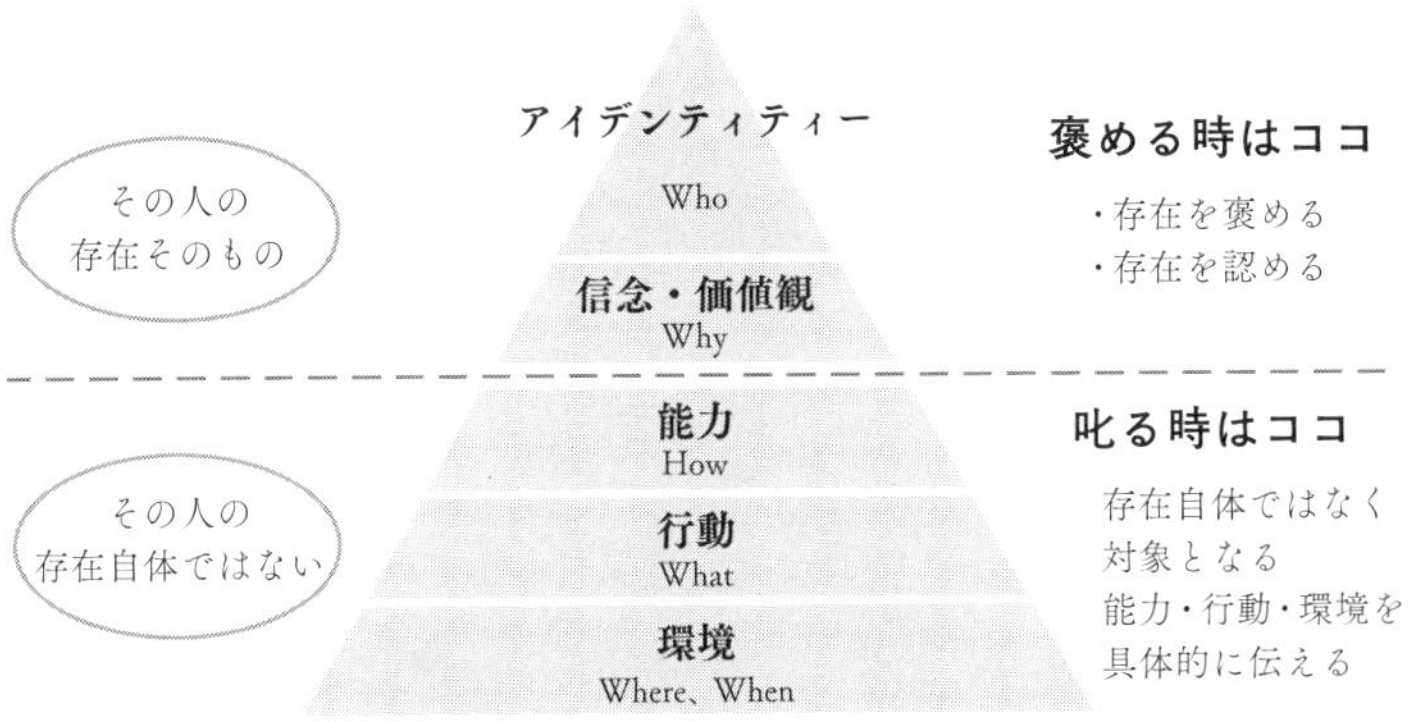

ニューロロジカルレベルとは、NLPのトレーナーであるロバート・ディルツ氏が
体系化した理論で、「意識のレベル」に関する研究です

は、その人の存在そのものになります。ですから、人は自分の価値観やアイデンティティを否定されると、自分自身が否定されたのと同じように感じてしまうのです。

一方で、下位3つの意識である、能力・行動・環境は、否定されると辛く感じるものの、心に与えるダメージは上位2つを否定された時よりも軽いのです。なぜなら、下位3つは自分の存在自身ではない、あくまで、その時点の状況であって、自分そのものを否定されるわけではないからなのです。

上位2つと下位の3つでは、それらの持つ意味は全く違ってきます。

わたしは、人を褒める時には、相手の能力や行動に加えて、アイデンティティや価値観といった、その人の存在となるところをしっかりと褒めてあげることが大切だと考えています。

例えば、行動を褒める時には、具体的によかった点を褒めるとともに、その人自身を褒める言葉も、何か一言付け加えるようにする。それだけで、相手に対するメッセージは大幅に変わってきます。

逆に、人を叱る時には、「お前はバカだな」というような言葉をかけると、相手の存在自体を否定してしまいます。そうならないように、相手の存在ではなく、その人のとった行動、その時に持っていた能力、環境を叱るようにしましょう。

叱る時には、相手のどのような行動が悪いのか、スキルが不足していたのか、環境に対する配慮が一部欠けていたのかなど、人格否定ではなく具体的に伝えることが大事です。

どのような褒め方や叱り方をするかで、言葉をかけられた相手の気持ちは、180度違ってきます。相手の成長の助けになるよう、言葉のかけ方には十分に配慮をしたいものですね。

これは子育てと組織の人材育成に共通する、大切にしたい心得だと思います。

自分の居場所は自分でつくるもの

自分の居場所って、子どもであろうと大人であろうと、いくつになっても人が生きていくために必要なものですよね。とはいえ、生きていると自分の居場所を見失ったり、見いだせない気持ちになったりすることも起きるのではないでしょうか。

長い会社人生のなかでは、わたし自身も、社内で自分の居場所がないように感じられた時期もありました。自分が情熱を持って取り組んでいたプロジェクトが、何らかの都合で、突然続けられなくなるような経験もしています。

組織の一員として働いている以上、そういうことが起きるのは仕方ないと頭ではわかっていても、自分に降りかかると、やはり辛いものです。仕事が立ち消えになると同時に、自分の居場所までを失ったように感じました。

そのような時には、辛くて心が折れそうになり、トンネルのなかで出口が見えない状態が続いたものです。「ああ、やっとトンネルから抜け出て前を向けるようになったな」と、自分で思えるようになるまでに、長い時には2年の月日が必要になったこともありました。でも、そんな苦しい時期にわたしを支えてくれたのは、自分自身の新しい居場所を、自分でつくりだせた手ごたえなのです。

人が居場所をなくしたように感じる時、おそらく本人は、自分で自分を認められない心の状態に陥っています。自信をなくして、何事にもやる気が出なかったり、目標を見失っていたりもするでしょう。

もし喪失感や落ち込んだ気持ちが続くようであれば、そこから抜け出すためにも、自分が安心できる居場所作りを始めなければなりません。

それには、「わたしは大丈夫」と自分にYESと言える状態を、自らつくりだそうとする行動が出発点になるのです。


わたしは居場所とは、自分の存在価値を自分自身で実感できる場所、自分が安心して自分らしく息ができる場所だと考えています。人とのつながりを感じられる場所でもありますが、第一に自分で自分を認められる状態（I am OK）がつくれてこその居場所ではないかと思うのです。自分を肯定できる状態が土台を築き、そのうえで他の人たちと交流していく。自分への自己肯定から始め、他の人たちとの良質な関係が、さらに居場所を居心地よく、かけがえのないものにしてくれるのではないでしょうか。


そのためにも、まずは小さくてもいいので、自分が「やってみよう」と思えることを探してみることをお勧めします。「自分が○○をすることには、このような意味と価値がある」、「自分がこれをやるのは△△のためなのだ」と、自分の取り組みに自分自身で意義を見出せる何かを見つけることがとても大切なのです。

「やってみよう」と思えることが見つかったら、実際に実行してみることが、居場所作りの最初の一歩になると、わたしは自分自身の経験から思います。

何かをやり始めれば、そこから「なんとかなる」という自信が少しずつ芽生えてきます。その際、自分が組織などに所属しているのであれば、できれば実行に移す内容は、自分自身で行う意義を感じられ、かつ周りの人たちにも、ためになるものが望ましいでしょう。そうすれば、一生懸命に取り組むうちに、その行動に気づいた周りの人たちから「ありがとう」と感謝される機会が増え、他の人たちとの、つながりが少しずつ広がっていきます。

自分ができることを続けていくうちに、自分自身に対して「ありがとう」と感じる気持ちや、周囲の人たちと、互いに感謝し合えるような関係が生まれます。するとますます自分に自信がついて「なんとかなる」と楽観的な気持ちで過ごせるようになるのです。

そうこうするうちに、「自分の居場所はここだ」という実感が湧いてきます。周りの人たちとのよいつながりも感じられるようになり、自己肯定感が高まり、ありのままの自分を大切に慈しむ気持ちも培われます。ここまで来たら、居場所を失った悲しみからは、すっかり解放されていることでしょう。

居場所作りに役立つ幸せの4つの因子

「やってみる」と自信が生まれ、「なんとかなる」と思えるようになり、「ありがとう」の感謝が連鎖することで、「ありのまま」の自分を大切にする気持ちが育まれる。

　実は、自分の居場所は、前にお話しした幸福学にある、「幸せの4つの因子」を実践する過程で得られるものでもあるのです。

「幸せの4つの因子」は、わたしたちの毎日の生活のなかに溢れています。毎日少しだけ、この4つ

【あなたの居場所を作り出す「幸せの4つの因子」】

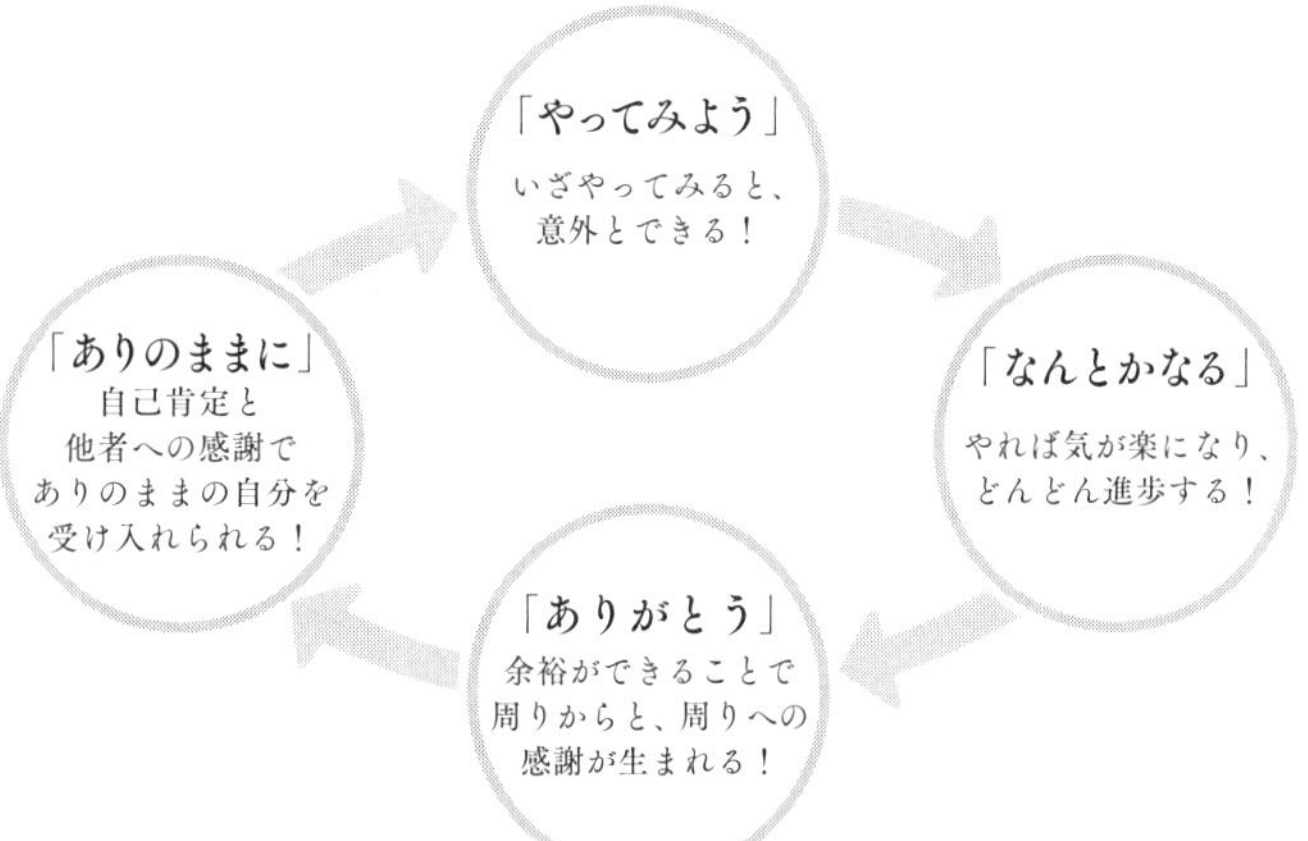
「やってみよう」
いざやってみると、
意外とできる！
「なんとかなる」
やれば気が楽になり、
どんどん進歩する！
「ありがとう」
余裕ができることで
周りからと、周りへの
感謝が生まれる！
「ありのままに」
自己肯定と
他者への感謝で
ありのままの自分を
受け入れられる！

〈ポイント〉

日々の暮らしのなかで、4つの因子を満たすことで、幸せな居場所が見つかり、作り出せる！

の因子を満たすように意識することで、幸せな居場所をつくることができるのではないかと、わたしは自分の経験を踏まえてそう思います。自分に対しても、周囲や組織に対しても。

自己決定感がポジティブマインドを生む

子どもの頃に、親や周囲の大人に何かをするように促されて、「自分で決めたかったのに！」と、自分の意見をないがしろにされたと感じて、腹が立ったことはないですか？

誰もが経験のある話ですが、この「自分で決めた」という感覚を、自己決定感と言います。人間の活動において、自己決定感を持てるかどうかは、心身の状態に大きく影響します。それは、自己決定感が脳の前頭前野を動かして、ポジティブマインドを生みだすといわれているからです。

人間の脳には前頭前野と呼ばれる部位があり、この部位が人間の活動の目的を管理し、体に指示を出しています。脳の報酬系が上手に働いていると、この前頭前野もポジティブな状態となり、心身によい作用を及ぼすホルモンが分泌されます。逆に、前頭前野がネガティブな状態になると、心身にストレスがかかります。

脳科学の実験では、人が自己決定感を実感する時、脳の前頭前野にプラスの作用が働くということが判明しています。ですから、自己決定感は、前向きでポジティブな感情を人が持つためには、なくてはならないものなのです。

もし人が物事を決める時に自己決定感が得られなかった場合、本人は自分の決断に納得できない状態に置かれます。すると何が起きるのかというと、「他の人が決めた（自分が決めていない）」という自己決定感の欠如によって、結果に一喜一憂するような状況が引き起こされてしまうのです。

一方、物事を決める時に、自分で決めて自己決定感が得られた場合には、本人にはその自覚があるので、自分の決断に納得しています。たとえ失敗してもネガティブにならずに「どうすれば、次はうまくいくだろう」とポジティブな気持ちでいられるのです。

前者の反応が受け身で消極的であるのに対して、後者の反応は主体的で積極性がみられます。自己決定感のある・なしで、当事者の感じる気持ちや物事への意欲は、全くといっていいほど変わってくるのです。

家庭のなかでも職場でも、効率性を優先して、周りが物事を決めてしまうことが多いかもしれません。でも、とくに、行動をすることが必要な場面では、本人に考えさせて、決めさせるように努めましょう。大人であっても子どもでも、一人ひとりが自己決定感を感じられる環境作りは、本人の心身を健やかに育むために、とても重要ではないかと思います。

新しい仕事にチャレンジする時に心がけたいこと

わたしがお勧めする3つの心がけ

先日、社内ローテーションで新しい仕事へチャレンジし始めた女性の方から、「中条さんは部署を移動した時に、どのようなことをされていましたか?」という質問をいただきました。

わたし自身、富士通で働いていた間に、いくつもの部署へ移り、業務内容も変わりました。結果的に様々な経験やチャレンジができて、とても勉強になったと感じています。ただ、異動をしてから、そこでの仕事に慣れるまでは、やはり苦労をした覚えがあります。

それで、新しい部署で仕事を始めるようとする時に、わたしが心がけていたことを紹介したいと思います。

①新しい部署に関する「知識を得る」

未経験の業務を始める時には、まずは、配属された部署で必要となる知識を学びましょう。

その部署で蓄積されている過去の検討資料などには、無数の貴重な情報が含まれています。資料にしっかりと目をとおすとともに、わからないところは詳しい人に聞くことをお勧めします。部署にある情報だけでなく、その領域の専門知識が書かれた本を読んだり、インターネットでの情報収集も進めましょう。

なお、検討資料のなかには、具体的な内容は書かれていても、全体像が把握しにくいものもあります。できるだけ業務の全体像と具体的な知識、その両面を把握することが大切です。

②知識を学びつつ「ともかくやってみる」

わたしが一番好きな富士通の教えのように、ともかくやってみることをお勧めします。この段階では70%スタートのつもりで行動すればよいのです。

仕事には知識に加えて、経験によって生み出される知恵が求められます。資料や本を読んでわかった気になっても、実は実践ができないことは多々起こります。

自分でやってみて、できるようになって、初めてわかることや感じることは実にたくさんあります。後になって、自分の力や強みとなるのは、実体験を通じて得られたノウハウや知恵なのです。

③その業務を行う目的、意味、そして価値を「自分で考える」

「人は考える葦《あし》である」という有名な言葉がありますが、情報が溢れるなかで忙しく働いていると、何となく情報に触れるだけで満足してしまい、思考停止状態に陥る危険性が生まれることがあります。

「実は自分では何も考えていなかった」と後で後悔しないように、「目的：何のために」、「意味：自分にとって、会社にとって、社会にとっての意味」、「価値：どのような価値が生みだせるのか」を、繰り返し自分に問いかけましょう。

目的・意味・価値の3つの観点で自分で考える習慣をつけることは、人とAIが協調して生きる、これからの時代でしなやかに活躍するためにも、一生大切なスキルになると思います。

「考える」ためにインプットの質を上げる

人は、五感により得られた情報を「考える」際のインプット情報として用います。ですから、考える質を上げるためには、インプットの質を上げることが重要になるのです。その

【3つのことを自分で考えよう】

意味で、今後はますます、自分に情報をインプットする手段である、物事を「観る力」「聴く力」そして「感じる力」、これらの3つの認知能力を磨いていくことが大切になると言えるでしょう。

「観る力」「聴く力」「感じる力」を磨くためには、自分とは異なる考えや視点を持つ多様性に富む人たちとの交流が欠かせません。組織のなかに閉じずに交友関係を広げる意味でも、リアルとオンラインのハイブリッドで交流を行い、会社の外にも複数のコミュニティを持つのが望ましいでしょう。好奇心を持って学び続け、人や自然に触れる生活を通して、感性を磨くことも大切になってくると思います。

DX時代は、人とAIが協調する時代になるのは明らかです。そして、それは、ホワイトカラーの労働者の半分を、AIが代替し得る可能性をも意味します。

ルールが明確で、想定外の事象が発生しない領域の課題であれば、その課題を解くのは人間でなくても構いません。いずれは人よりもAIに任せるほうが、ずっと効率的になるでしょう。それでよいのです。わたしたち人間は、定型的な対応から解放されるのですから。

わたしたち人間は、AIではできないこと、人ならではの価値が生みだせることに注力していくようになるでしょう。そのひとつが、わたしは、世のなかの変化を捉え、今、見えていない課題を発見することだと思っています。そのためにも、「観る力」「聴く力」「感じる力」の3つの認知能力を磨いていくことが重要になるのです。

変化の激しい世のなかで、しなやかなキャリアを築いていくためには、AIに代替される側ではなく、AIと協調する側になることがとても重要です。そのためには、人間にしかできないこと、つまり、目的、意味、そして価値を、考えられる自分であり続ける努力が鍵になるとわたしは考えています。

自分の背中を押してみよう

自分で自分の背中を押してみよう

第3章でも、ポジティブに自分をアピールすることの大切さについてお話ししましたが、とくに女性は、自己アピールが得意ではありません。意外に思えるかもしれませんが、アメリカ人女性にも、実は同じ傾向が見られるのです。

多くの女性は、慎重に物事を捉えがちです。

たとえば、ある役職への昇進の打診があったとしましょう。そのポジションに就くために必要とされるスキルと経験値を100とします。

自分のスキルと経験値が70の場合、多くの女性は不足分の30に目を向けます。そして、「自分にはまだ能力が足りていない、昇進には相応しくないのでは」と考え、消極的な反応を示しがちなのです。

さらに、女性は、自己認識が低いといわれます。

たとえば、アンコンシャス・バイアスの影響を受けた心理に、インポスター症候群がありま す。インポスターは「ペテン師」の意味で、インポスター症候群とは、実際には実力があるにもかかわらず、高い評価をそのまま受け止めることができずに、自分は評価に値しないと思ってしまう心理状態を指します。

メタ社の元COO、シェリル・サンドバーグ氏のような高い能力を持ち、素晴らしい業績を上げた女性でさえ、人を欺いている感覚に悩んでいたと語っています。

他者からの高評価に対して、自分を詐欺師のように感じる心理は女性に働きやすく、個人差はあるにせよ、女性は男性よりも低い自己認識を持ちやすいと言えるでしょう。

女性に見られるこれらの傾向は、上司との面談やフィードバックを受ける際の行動にも表れます。

たとえば上司が部下へ褒める点と改善点を同時に伝えた時に、褒められたところよりも、改善点にばかり注目しがちです。わたしってまだこれが足りないのねと、つい至らない部分を、過剰にクローズアップしてしまう傾向があるのです。

そもそも、日本人は自己アピールが下手なうえに、多くの女性には社内的なネットワークの不足もあり、男性と比較すると、自分を宣伝する機会にも恵まれてきませんでした。これは現在の日本の企業や、そこで働く男女の実態でもあります。

でも、だから仕方がないとはせずに、時には自分で自分の背中を押してみることも、大事なのではないでしょうか。

不足しているところは業務をやりながら身につければいいと割り切るのも名案ですし、チャンスがあれば自分から手をあげてみることもお勧めします。

自分の価値を認め、長所と改善点の両方を意識しつつ、強みをポジティブにアピールする力は、キャリアを積むうえでとても重要です。

自分の長所にフォーカスするよう、自分の意識をそちらの方向に向けて、自ら機会を掴んでいく。自分で自分の背中を押す経験を、どんどん積んでいただきたいと思います。

「経験」を得ることの大切さ

わたしは富士通で過ごした日々を、感謝の気持ちで振り返ることが多いのですが、一番有難いと思うのは、様々な経験や機会を得ることができたことです。

ある意味、自分の実力以上のチャンスを与えてもらい、それを何とか自分なりに成功させようと頑張った結果、想定以上の力が出せて、経験を積むことができたように感じています。

もちろん、なかには上手くいったとは言えないことや、辛かったこともたくさんあります。それでも、自分の会社人生を思い返すと、部下と上司、それぞれの立場で「経験」を得たり、与えたりする機会に恵まれて幸せだったと思うのです。

人生で本当に役立つ知恵の多くは、経験を通して自ら学び、得たものです。そして、成果を上げられたかどうかにはかかわらず、数多くの経験を重ねることが、自分に対する自信にもつながります。

ですから、わたしは経験を積むことには、物凄く大きな価値があると信じています。

とはいえ、個人の思惑とは別に、今の日本では、女性社員にとって経験を積む機会が限られてしまっている現状もあります。

21世紀職業財団が2020年に行った調査では、総合職女性の6割近くが「重要な仕事は男性が担当することが多い」と回答しています。前出の東京大学のプロジェクトで行ったヒアリングでも、仕事の割り当てには慣例的に男女で違いがあり、女性社員への配慮の表われとして「大変な現場には男性社員をアサインする」という実例が挙げられていました。

わたし自身は、そのような経験をしたことはないのですが、「重要な仕事は男性でないと無理だ」「女性に修羅場を経験させるのはかわいそうだ」といったステレオタイプ的な考えが実在することは、想像に難くないのです。

企業において、キャリア面での男女格差が生じる4つの要因として、シカゴ大学の山口一男教授は、採用・経験・評価・昇進を挙げています。

とりわけ「経験」の差は、評価、昇進に影響を与えることから、十分な経験を積めないと、負のスパイラルが生みだされやすいといわれます。そうでありながら、上司や職場、さらには本人自身が持つ無意識の思い込みによって、女性社員へのジョブアサインメントが限定されてしまうことが少なくないのです。

これからの女性のキャリア形成に向けては、女性自身が自分の背中を押すとともに、組織そして上司による女性社員への経験の積ませ方が非常に重要になります。

そのためには、〝思いやり〟も含め、無意識のジェンダー・バイアスがネガティブに影響を及ぼさないよう、組織全体で、自分たちの無意識の思い込みに気づく眼を養っていただきたいと願っています。

クリティカル・マス未満だからこそ違いが楽しめる

働く女性が感じる集団同調圧力

変化を起こすための必要最低限の量である30％。集団のなかでたとえ大多数でなくても、存在を無視できないグループになるための分岐点、30％を超えたグループを「クリティカル・マス」と呼びます。

この数値は、男女の混在する集団内での女性比率を表す場合にも用いられ、だからこそ、国連では、指導的地位における女性の割合を30％以上にするという目標が合意されています。

なぜ30％の数値が到達目標とされるのかというと、その割合が極端に少ないと、象徴的な立場に留まってしまって意見がなかなか戦略や方針に反映できずに、結局、成果が出せないという状況になってしまう危険性があるからなのです。そのため、男女の性差を超えて、個々の持つ多様性を意思決定に反映できる30％以上を、世界のすべての国々が目指しているのです。

残念ながら、日本企業における経営層の会議や意思決定の場での女性比率は、30%に比べ、極めて低いのが実情です。わたし自身も、ポジションが上がるにつれて、重要な会議に参加する女性幹部社員の人数が、急激に減少していった経験を持っています。

メンバー構成や会議の雰囲気にもよりますが、人数が極端に少ないと、女性は発言がしづらいことが多いです。おまけに目に見えない同調圧力がかかる場合には、発言が重要視されないムードがその場に漂うこともあります。

でも、マイノリティー側だからこそ、女性は、違いに気づく眼と感性を持っているのです。それを活かせるように、企業や組織が変わる方法を模索していくことが重要だと感じています。違いが見える、違いを感じる、違いに気づける力は、企業や組織にとっての成長の糧なのですから。

クリティカル・マス未満だからこその違いを楽しもう

女性たちの置かれたマイノリティ環境に、急激な変化を期待するのは難しい面もあります。状況の改善に時間がかかる時に個々が取り組めることは、わたしはやはり「違いを楽しむ」

という、発想の転換ではないかと思います。

わたしはキャリアの途中から、ある意味で違いを楽しんでいました。

わたし自身のマイノリティとしての経験には、1990年代は少数派だったフルタイム勤務での仕事と子育ての両立、2000年から3年半、アジア系の日本人としてシリコンバレーで暮らした経験、そして、2006年からの女性幹部社員としての経験が挙げられます。

それぞれの立場で活動するなかでは、「皆と同じことができなくて辛い」「人と違っているとさびしい」と、つい思ってしまう時もありました。

でも、一方では、大多数の人と自分との違いに気づいても、それを楽しみ、そこが面白いと考えられる自分もいたのです。

他人との違いに気づいたら、それぞれの違いを尊重する視点で物事を見るようにして、なるべく自分にとって楽しくて面白い方向へ、物事を振っていったのです。

一緒に仕事をする男性の言動については、「男性っていうのはこういうふうに考えるのだな」と、男性心理を知るためのよい機会と捉え、違いを面白がってきました。

すぐに企業内でのジェンダー・ギャップは解消しなくても、マイノリティだからこそ得られる、貴重な体験もあるはずです。

女性たちには、「違いを楽しむ」視点を持って、時には違いを活かしながら、しなやかに働き続けてほしいと思います。

リーダーは強くなくていい

「リーダーは強くなくてはならない」と思い込んでいませんか？

「リーダーは、どちらかというと男性のほうが向いている」
そんな思い込みを持っている人は、少なくないのではないでしょうか。
わたしは、それは思い込みであって、真実ではないと考えています。

無意識のうちにわたしたちは、アンコンシャス・バイアスの影響を受けています。それもあって、「リーダーは強くなくてはならない」「自分は強くないからリーダーには向かない」と思い込み、リーダーになるのをためらう女性も少なからずいらっしゃるのではないでしょうか。

日本の企業では、上層部のリーダーには従来型の男性リーダー像を当てはめる社員が、多いのが実態です。女性の上層部のリーダーに関しても、これまでは人数が限られていたこともあり、厳しく・強く・パワフルな、ある意味男性のリーダー像に比較的近い人が、割と多かったかもしれません。

一方で、わたしの個人的な経験では、海外企業のトップリーダーは、よりオープンで人間味に溢れた人物が多いような気がします。とくに、アメリカ駐在中に多数のトップリーダーの方たちとお会いして、両者の違いを痛感しました。

その経験もあって、わたし自身は幹部社員になっても、従来の日本型のリーダーのイメージには染まらないように意識してきました。この点に関しては、自分がマイノリティ側でよかったと感じています。

日本で長く続いてきたメンバーシップ型の会社組織もジョブ型に変わり始めるなど、男性中心で年功序列型のシステムが変わり始めています。ダイナミックな世のなかの変化のなかで、社会や企業、そしてわたしたち自身も、変わることが必要な時を迎えているのではないでしょうか。

わたしは、リーダーは必ずしも強くなくていいと思っています。これまでわたし自身、強さではない、しなやかさや、時にはよい意味での、したたかさを大切にしてきました。そのように考えることで、自分らしく、やりたいように仕事を続けられた気がします。

わたしの周りでも従来型の強さとは異なる、しなやかさで活躍される女性たちが増えています。だからこそ、わたしは、無用な思い込みは手放したほうがいいと、女性たちへ伝えていきたいと思っています。

「交換型」と「変革型」、2つのリーダーシップ

従来のリーダーシップ像を離れて、自分らしいリーダー像を描くためには、その前にリーダーシップについての基礎知識を頭に入れておくと役に立ちます。ここでは、様々なリーダーシップ理論から、代表的な2つのスタイルを取り上げてご紹介します。

①「交換型リーダーシップ」

アメリカのリーダーシップ研究の権威である、ジェームズ・マクレガー・バーンズ氏が提唱したリーダーシップ。一言で表すと、アメとムチを使い分けるスタイルであって、リーダーが協力への対価として、メンバーへ何らかの報酬を与えることにより、影響力を行使します。

このリーダーシップスタイルは、組織や集団が比較的安定していて、部下へ何を期待するかが明らかな時に有効だと言われています。従来の日本の企業におけるリーダー像とも共通する部分が多いように思います。

②「変革型リーダーシップ」

バーンズ氏の理論をアメリカの組織行動学者であるバーナード・モリス・バス氏らが発展させたリーダーシップ。こちらは、リーダーがメンバーへビジョンを示し、個人の利益を超えた、全員が共有できる、より大きな価値への貢献を基盤に組織をまとめ、影響力を行使します。

このリーダーシップスタイルは、組織や集団が大きな環境変化に見舞われ、人々の価値観にも変化が生じた時や、既存の組織や集団では、人々の期待に応えられなくなった時に必要になるといわれています。

多くのリーダーは、両方の側面を持っていて、状況に応じてリーダーシップを使い分けているとも言われます。わたしも、適切なリーダーシップは、時と場合によって異なると思います。でも、何が正解かわからないこれからの時代には、「変革型リーダーシップ」に示されるリーダー像が、ますます必要とされるのではないかと、個人的には思っています。

これからは、しなやかなリーダーが必要な時代

2つのリーダーシップスタイルと、リーダーの持つ特質について眺めてみると、おぼろげながらも、自分らしいリーダー像が掴めてくるのではないでしょうか。

日本の高度経済成長期は、ゴールを明確に描きやすかったこともあり、先頭に立って「俺についてこい！」と、部下を率いる強さを持つリーダーが求められていたと思います。

でも、今は、正解のない時代です。これからは、むしろ、多様なリーダーシップのあり方が求められていくのではないでしょうか。

実際に、繰り返し組織で成果を上げるのは、ひと握りのカリスマ性のあるリーダーではなく、異なるリーダーが混在する組織であるという分析結果も報告されています。多様性のあるチームでメンバー各自の強みを活かすためには、従来の強さとは異なる特質が、リーダーには必要とされるのです。

その存在が、メンバーを安心させ、自信をつけさせ、やる気にさせる。

メンバーを受け止める優しさと包容力を持つ、そんな弾力のあるたくましさを備えたリーダーが、今後は活躍していくのではないでしょうか。

リーダーに求められるこれらの能力は、子育てと人材育成にも共通しており、女性が先天的に備えている特質とも重なります。

これまで以上に多様なリーダーが必要とされる今、ぜひひとりでも多くの女性に、ご自身のやり方でリーダー像を描き、自分らしいリーダーシップを発揮してほしいと思っています。

制度は活用したらいい

幹部社員になって

ある時から富士通では役職のついた社員を、管理職ではなく、幹部社員と呼ぶようになりました。

管理職とは、文字通りに解釈すると、部下や組織を管理する人ですよね。けれども、富士通は管理をする人ではなく、会社の幹部の一員としての自覚と視点を持って自ら行動する人材を求めていたのだと思います。

わたしは、何年もの間、富士通で幹部社員として過ごしましたが、自分が人を管理していたという気持ちは全くないのです。

呼び方ひとつの違いとはいえ、名称の付け方には、その会社の思想が表れます。このネーミングのセンスも、わたしが富士通を好きだと思うところのひとつでした。

富士通で幹部社員として過ごした15年ほどの時間は、わたしの記憶には、楽しかった（もちろん辛いこともあったけれど）幸せな時間として刻まれています。

偶然のような形で入社した富士通で、組織力を活用して、より大きな成果を出すことの楽しみを知り、幹部社員としてキャリアを積みたいと思うようになったわたし。でも、第2章でお話ししたように、わたしは、家族でアメリカに赴任することを選択し、一度は、富士通の幹部社員としての自分自身のキャリアを諦めたのです。ですから、日本の富士通に帰任した後も、自分に再び、幹部社員になる可能性が生まれるとは思ってもみませんでした。

でも、人生って、わからないものです。完全にあきらめたはずの幹部社員への道が、帰任後3年程経った時に、急に開けました。突然、わたしは幹部社員候補になったことを告げられたのです。

直接言われたことはないのですが、恐らく、富士通で始まった女性幹部社員の比率を上げる施策の流れに乗ったのだろうと想像しています。わたしは、驚きながらも、自分がやってみたかったチャレンジができるようになることを素直に喜び、自分が描いていたタイミングからは少し遅くなったけれど、幹部社員としてのキャリアを歩き始めました。

実際に幹部社員として様々な仕事に携わるなかで、わたしが強く感じたことがひとつあります。それは、最初に幹部社員候補になった時点でそのまま昇格しなくてよかったということなのです。シリコンバレーで培った視点や経験が、どれだけ幹部社員としてのその後の仕事に役立ったか、一言では言い表せません。ですから、結果的には、わたしにとってベストなタイミングになったのだと思います。人生やキャリアが思い通りにならないように見えても、後になって振り返ると全く異なる捉え方ができる例なのかもしれませんね。

ところで、夫婦揃って海外赴任をさせてもらい、わたしは、富士通に投資をしていただいたと感じていました。幹部社員としての15年間で、投資を上回るリターンを富士通に返すことができたのではないかな、などと個人的には思っています。

制度は活用したらいい、思い切りやったらいい

幹部社員になって人との出会いが増えるにつれて、身近にも貴重な学びを得ることのできる方が増えていきました。

なかでも、当時モバイルビジネスのトップに立たれ、後に富士通の副社長、富士通研究所の社長になられたHさんとの出会いは、わたしにとって大きな意味を持ちました。Hさんは富士通の社内でも、ダイバーシティ推進の重要性を、早い段階から意識されていた方でした。

当時、Hさんは女性幹部社員に交じり、たまに、唯一の男性として女子会に参加されることがありました。その時にHさんが語られた言葉で、わたしがそれに勇気づけられて、今でも覚えているものがあります。

「君たちは、（女性幹部社員の比率を上げるための）制度がなくても実力でやっていける人たちだ。でも、せっかく制度があるんだから活用したらいい」

「君たちには、恐いものは何もないだろう。だから、思いきりやったらいい」

Hさんは、女性幹部社員の比率を上げようという富士通の施策についてよくご存じで、かつ、一部の女性幹部社員のなかには、その施策を気にしている人がいることも、よくご存じでした。それらすべてを見越したうえでHさんは、わたしたちが気後れせずに業務に邁進できるように、さり気なく励ましてくださったのです。

真心のこもった言葉の数々を、わたしは自分の背中を押してくれる言葉として、素直に受け取り、それからは、事あるごとに、Hさんの言葉を思い出すようになりました。

これまで企業でキャリアを築いて活躍されてきた女性管理職の方々の背後には、サポーターのような上司の方が存在されていたのではないでしょうか。わたしがチャレンジを重ねられたのも、Hさんをはじめ心の支えとなる方々がいたからこそだと思います。

やはりビジネスには、人とのつながりが欠かせないのです。


ジェンダー・ギャップ解消の一環として、女性の管理職比率を上げるための制度や取り組みを進める会社は、今も増え続けています。

なかには、そのような制度を利用して管理職に登用されることに抵抗を感じる方や、役職が付くと子どもと過ごす時間が失われるのではないかと不安になる方も少なくないでしょう。

様々なジレンマを感じて、一歩を踏み出せないケースも本当に多いと思います。


介護休暇などの他の制度も含め、どの制度をいつ活用するかは、女性にとっては結論の出しにくいテーマです。現段階では、必ずしも、女性にとって働きやすい環境が整っているとは言えず、選択に迷う方の気持ちはよくわかります。

でも、きっと10年後には日本にも、女性を優遇する制度などを必要としない時代が到来することでしょう。

後に続く女性のためにも、Hさんの言葉にあるように、「せっかくある制度だし、活用してみよう！」と、しなやかな選択を行う女性たちが増えることを、わたしは願っています。

人の心を揺さぶる、モノ・コト・サービスに必要とされる「美意識」

質がよくて頑丈、あるいは値段が手頃である。そういった特徴を備えているだけでは、もう人は製品に価値を見出さなくなっているのではないでしょうか。

モノが溢れる時代に、人の心を揺さぶる、モノ・コト・サービスを生みだすためにはどうすればいいのか。携帯電話やスマートフォンの開発に携わっていた10年以上の間に、わたしは、人の心を惹きつける製品と、人の意識・無意識との関係を、何度も考えさせられました。

たとえば、カメラの色作り。撮影した被写体をどのような色で写し出すか。色作りはカメラの性能に対する人びとの印象や評価に、大きな影響を与えます。その色作りで大切にすべきことのひとつが、空の青、草木の緑、人の肌色などの「記憶色」なのです。

写真を見た時に人が美しいと感じるのは、眼の網膜に写っていた実際の色を感じ取っているからではありません。人が脳内にイメージとして記憶している色に近い、空の青さや草木の緑などが再現されていると、人は撮影された写真を美しいと感じるのです。

見る人が美しいと感じる色をつくりだすには、つくり手の美意識が大きく関係します。携帯電話のカメラ機能の開発に携わり記憶色に意識を向けるようになってから、わたしは毎日、空の青色や草木の緑色を気にするようになりました。植物の日々の色の変化や、なんとも表現し難いほどの空や雲など自然の色の柔らかな美しさを、常日頃から意識するようになったのです。

当時のスマートフォンに内蔵されたカメラ機能では、人が感じるその柔らかな美しい色合いを完全に写しだすことは難しかったものです。それでも、つくり手の美意識が、見る人の、「ああ、あの時感じた美しかった海（空）はこの色！」という感動や満足感を生みだす源泉になることを、身をもって感じたのでした。

人の心を魅了する製品の根底には、人が心地よさを覚え、それを美しいと感じる感性的な美しさが備わっています。人間工学の観点からみた心地よさや安心感も含めた、美しさへの意識を高めるために、わたしたちは日々自分の美意識を養っていく必要があるのではないでしょうか。

第5章

人生にSense of Wonderを「しなやかな心とキャリア」を育む習慣

How to cultivate a Sense of Wonder in your life

「子どもたちの世界は、いつも生き生きとして新鮮で美しく、驚きと感激にみちあふれています。残念なことに、わたしたちの多くは大人になるまえに澄みきった洞察力や、美しいもの、畏敬すべきものへの直感力をにぶらせ、あるときはまったく失ってしまいます。

もしもわたしが、すべての子どもの成長を見守る善良な妖精に話しかける力をもっているとしたら、世界中の子どもに、生涯消えることのない『センス・オブ・ワンダー＝神秘さや不思議さに目を見はる感性』を授けてほしいとたのむでしょう。

この感性は、やがて大人になるとやってくる倦怠と幻滅、わたしたちが自然という力の源泉から遠ざかること、つまらない人工的なものに夢中になることなどに対する、かわらぬ解毒剤になるのです」

「人間を超えた存在を認識し、おそれ、驚嘆する感性をはぐくみ強めていくことには、どのような意義があるのでしょうか」

〈中略〉

「わたしはそのなかに、永続的で意義深いなにかがあると信じています。地球の美しさと神秘さを感じとれる人は、科学者であろうとなかろうと、人生に飽きて疲れたり、孤独にさいなまれることはけっしてないでしょう。たとえ生活のなかで苦しみや心配ごとにであったとしても、かならずや、内面的な満足感と、生きていることへの新たなよろこびへ通ずる小道を見つけだすことができると信じます。

地球の美しさについて深く思いをめぐらせる人は、生命の終わりの瞬間まで、生き生きとした精神力をたもちつづけることができるでしょう」

レイチェル・カーソン著 上遠恵子訳『センス・オブ・ワンダー』新潮社 1996

しなやかな心の土台「Sense of Wonder」

人生にSense of Wonderを

「人生は長いようで短い。でも、短いようで長い」

人生のセカンドステージを過ごすようになって、こんなことをよく考えるようになりました。

社会人としてのわたしのファーストステージは、富士通で過ごした38年の歳月になります。そのほとんどを、南武線の武蔵中原駅にある、富士通川崎工場（工場とは言ってもわたしの入社時点で、すでに研究開発拠点でした）で過ごしました。毎朝、入口の門からオフィスへ歩く道すがら、桜、梅、松をはじめとする木々を眺めながら、「わたしの青春、わたしの人生の大半の時間を、この場所に注ぎ込んできたなぁ」と感じたものです。

富士通での会社員時代には、大きく分けて3つのフェーズがあります。第1のフェーズは、

「仕事と子育てに大奮闘」をしていた1990年代。第2のフェーズは、シリコンバレーで「様々なことに開眼！」しながら過ごした3年半の月日。そして、第3のフェーズは、「幹部社員として走り続けた」日々です。

悲喜こもごも色々な経験をしてきた38年間でしたが、過ぎてしまえば、本当に、あっという間だったように感じます。

わたしの人生のセカンドステージは、2020年12月に60歳で富士通を定年退職すると同時に始まりました。

退職後は、まず、株式会社SoW Insightという会社を起業しました（正確には、退職前に起業準備を行い、退職の翌日に創業を開始しました）。

社名のSoWは、"Sense of Wonder"を略したもので、自然の持つ神秘さや不思議さに目をみはる感性を意味します。同時に、環境問題に大きな貢献をしたアメリカの生物学者、レイチェル・カーソン氏がこの世に残した最後の著書のタイトル『The Sense of Wonder』でもあります。

『The Sense of Wonder』原本の扉には、編集者の短いコメントが記されています。

「レイチェル・カーソンは、この『センス・オブ・ワンダー』をさらにふくらませたいと考えていた。

【人生にSense of Wonderを】

しかし、それを成し遂げる前に、彼女の生命の灯は燃え尽きてしまった」

この作品の素材は、「あなたの子どもに驚異の目をみはらせよう」と題して雑誌に掲載されたものです。レイチェル・カーソン氏は、それをふくらませた本の出版を考えていましたが、1964年4月14日に56歳の生涯を閉じました。彼女の夢を果たすべく、友人たちが原稿を整え、写真を入れて1冊の本にして出版したのが翌1965年なのです。

コロナ禍の影響もあり、今、世のなかは物凄いスピードで変化しています。そして、地球上のすべての人々が、かつてない環境問題に直面しています。一方で、人生100年といわれるDX時代、わたしたちはAIと協調して生きる新たな時代に大きく変化しつつあります。このような時代だからこそ、わたしは、子どもたちだけではなく、全ての大人が、レイチェル・カーソン氏が最期に残したこのメッセージを改めて受け止め、わたしたち自身でふくらませていくことが必要ではないかと感じています。

“Sense of Wonder”には、自然を感じる感性の大切さ、美意識、そして、好奇心など、しなやかで豊かな人生を生きるための大事な考え方が含まれています。この感性と考え方こそが、しなやかな心とキャリアの土台になるとわたしは感じているのです。ですから、そこから得られる知見（Insight）を軸に、コンサルティングをしようと考えて起業しました。

“Sense of Wonder”は、これまでの人生でわたしが最も大切にしてきた感性であるとともに、死ぬまで持ち続けていたいと願う、かけがえのないものなのです。

わたしは、人が一生大切にし続ける必要のあるもののひとつが、この感性だと信じています。

自然のなかに身を置くようになって

わたしは、2015年に、生まれ育った東京から三浦半島の西海岸に移住しました。この場所を選んだのは、以前家族で過ごした思い出が詰まった、カリフォルニアの西海岸によく似ていたからです。海に夕日が沈み、反対側に山が迫っているところが、とくによく似ています。

わたしは住み始めて、三浦半島の豊かな自然に気づき、魅了されていきました。

自然に群生する植物の豊富さ、日々変わる海の色と表情、春には山桜で白く色づく山々、古くは1000年以上も前にできた地層、鳥のさえずり、虫の声、豊かな魚介類……。

情報が溢れかえり、1日の大半をIT機器やバーチャル空間で過ごすことが普通になっていたわたしの生活が、移住をしたことで変化しました。そして、動植物に触れることで、自然がどれだけ人の心を癒やし、豊かな気持ちを呼び起こしてくれるのか、その大切さに改めて気づかされました。それと同時に、レイチェル・カーソン氏の『The Sense of Wonder』の精神の尊さを、深く感じたのです。

わたしは週末になると、漁港の前に並ぶ漁師の魚屋に、朝どれの魚を仕入れに行きます。その後はドライブがてら道路沿いの畑を見ながら、三浦海岸の近くにある野菜の直売所に採れたての野菜を買いに行くのが習慣になっています。

こうした生活を7年の間、毎週続けているうちに、温暖化や気候変動による影響を、食材でも感じるようになりました。潮の流れの影響でイワシの時期が大きくずれたり、雨の影響で毎年楽しみにしている春のグリンピースがほんの少ししか採れなかったり。

わたしにとっては自然を肌身で感じる実体験が、SDGsやESG経営を自分事として考える、大切なリマインダーになったのです。

五感を研ぎ澄まし、美意識を育もう

自然に目を向け、自然を感じ、その美しさや不思議さに心を躍らせることは、わたしたちの脳がこの世のなかから情報を得る唯一の方法である、五感を研ぎ澄ます行為につながります。そして、五感が研ぎ澄まされることによって、わたしたちは、より一層豊かな情報を得られるようになります。今までなら、気づくことができなかった事柄にも気づけるようになり、その結果、わたしたちの感受性に磨きがかかっていくのです。

自然を感じる方法として、多くの人が一番取り入れているのは、「見る」ことではないでしょうか。でも、人によっては、ほとんど空や雲、草木に目を向けなかったり、自然に目を向ける心の余裕がない状態になっている場合もあるでしょう。

そのような時でも、なるべく一日のなかで機会を見つけて、空や草木に目を向けてみませんか？　それが習慣になっていくと、次第に、同じ場所でも空の青さや草木の緑が毎日変わることに気づき、日々の変化が見えてくるようになります。

山や海、生き物などが発する音を聞くことも、自然を感じる素敵な方法です。風に吹かれて揺れる木々のざわめきや、葉がそよぐ音、海の波音、川のせせらぎ、虫の声、鳥の鳴き声など、わたしたちの周りには、心を和ませてくれる自然の音がいっぱいあります。でも、そのような音色も、聞くつもりがない時には、聞こえないものなのです。

逆に、一度興味を惹かれると、例えば、それまでは聞こえなかった鳥の鳴き声に気づくようになったりして、自分でも不思議な気がするかもしれません。

わたしは、携帯電話やスマートフォンのカメラの開発を担当していたこともあり、空や草木などの自然に気を留めることが比較的多かったと思います。でも、三浦半島の生活では、自然を見ることに加えて、トンビのゆったりした鳴き声やイソヒヨドリの美声などにも興味を持ち始めました。

毎日、自然を見聞きするようになると、見えるものや聞こえるものが増え、日々、新たな発見が続いたのです。

不思議なことに、三浦半島の豊かな自然は、わたしの仕事の質をも向上させてくれました。その理由のひとつは間違いなく、わたしの五感が少しずつ研ぎ澄まされ、自然だけではなく、人や物事に対しても、その微妙な変化に気づけるようになったからだろうと自分では感じています。

人間を超えた存在である自然。自然に目を向け自然を感じることで、人の美意識も育まれていくとわたしは感じています。

自然は、人が感じる美しさや人が持つ美意識に含まれるいくつかの因子に影響を与えてくれる気がします。まずは、色や形。今や世のなかはデジタル化の時代。一日のなかでわたしたちが見ている情報に占めるデジタル情報の割合もどんどん増えています。でも、デジタルの精度がいかに上がったとしても、デジタルで表現された色や形には限界があります。とくに、わたしたちの心に影響を与える自然の色。自然が創り出す青や緑の微妙な色の違いに触れることが人として大切にすべき感性や美意識を育てることにつながるとわたしは感じます。

次に、自然のリフレイン。例えば、毎日の繰り返し。朝が来て、昼になり、夜になり、また、朝になる。例えば、季節の繰り返し。春が来て、夏になり、秋になって冬になる。そして、冬の後には春がくる。こういった自然が織りなすリフレインのなかで行われる繰り返しは、人を癒やし、人に安心感を与えてくれます。わたしたちの人生の記憶のなかの時を結び付けてくれる力があります。そういった繰り返しもわたしたちの感性や美意識に影響を与えていると感じます。

そして、自然が持つ、ゆらぎ。とくに、人の生体リズムと共鳴する自然界の1／fのゆらぎが、人の感性に与える影響は大きいと思います。風に吹かれて揺れる木々の音、海の波音、川を流れる水音、鳥や虫の鳴き声などの音を中心として、木目や星の瞬きなどにも含まれるゆらぎ。自然を感じることでゆらぎを感じる。自然と人との共振が人に与えるものは、安らぎだけではなく、心地よさに対する感性や美しさに対する感度の高さにもつながると感じています。

自然の変化のサイクルから学ぼう

落葉樹や常緑樹の変化のサイクルに目を向けたことはありますか。

まずは、落葉樹。わたしは、2つの点で、落葉樹に心が惹かれます。ひとつは、毎年毎年、文句も言わずに同じサイクルを繰り返す落葉樹の姿。春に新芽を芽吹き、夏に葉を茂らせても、秋が来て、冬になると必ず葉を落とす。そして、翌年の春になると、また新芽を芽吹かせる。それを毎年繰り返すことができる落葉樹は、たくましいなぁって、つくづく感じるのです。

さらに、もうひとつ、すごいなぁと感心させられるのは、落葉樹が葉を落とす時には、すでに翌年の春に芽吹くための芽が用意されていることなのです。

葉を茂らせながら、あるいは、紅葉で美しい姿を見せてくれながら、落葉するまでには、ちゃんと翌年の仕込みをして、それから潔く葉を散らしているのです。

一方の常緑樹。常に木の葉を茂らせているように見える常緑樹も、葉を落とさないわけではありません。少し古い葉と新しく育ってきた葉とが木に混在しているので、常に葉があるように見えるだけで、異なる年齢の人がともに生きている、人間の社会に近い状況だと言えます。それに対して、落葉樹は、春に芽吹き、その年に生まれた葉だけが木に同居して、落葉の時期には皆いなくなり、冬の間は、そして誰もいなくなった、ということで木は冬眠します。

葉は、光合成を行って木の養分をつくりますが、常緑樹と落葉樹のどちらも、葉を落とすタイミングは、それぞれの木が、投資と回収の戦略にもとづいて決めているといわれます。芽吹いた新芽を若葉に成長させるためには養分が必要なので、先に木が葉に投資をします。投資された葉は成長すると、そのお返しに光合成を行って養分をつくりはじめ、木の投資を上回る貢献ができるまでは、頑張ってそれを続けて木に貢献をします。

けれども、葉が老化すると次第に光合成でつくりだせる養分が減っていき、葉を維持するために必要な養分を下回ると、ついには落葉するというわけです。

面白いなと感じるのは、厳しい環境で育つ木の葉のほうが、恵まれた環境で成長する木の葉よりも長生きするというところです。

太陽がたっぷり降り注ぐ熱帯では、木々の葉の寿命は3か月程度といわれます。しかし、森林限界地帯の過酷な環境では、30年以上も落葉しない葉があるそうなのです。厳しい環境ほど養分の回収に時間がかかるので、それだけ長い間、葉は働き続けないといけないのです。人間より厳しい世界なのかもしれません。

いずれにしても、常緑樹、落葉樹ともに、それぞれの戦略で、自身の変化のサイクルを持っているのです。わたしは、こうした変化のサイクルを、自分の人生の様々な出来事に重ね合わせて考えることが多いのですが、このサイクルは、人間を含む、すべての生き物に共通している部分があると感じます。

わたしがプロフェッショナルコーチの教えを受けた、米国NLP&コーチング研究所のティム・ハルボム氏とクリス・ハルボム氏が提唱されているUniversal Cycle of Change（普遍の変化のサイクル）も、本質的には同じ考えだと思っています。

落葉樹で表現すると、**春に新芽が芽吹き**（創造）、**葉が伸び始め**（成長）、**初夏には葉が茂り**（成熟）、**葉や枝が混み合い**（動乱／カオス）、**秋になると落葉し**（ドロッピング・オフ）、**冬に冬眠し**（休眠）、**再び春に新芽が伸びる**（創造）**というサイクル**になります。あらゆる生命は、この共通するサイクルを持っているといわれています。このようなサイクルを、わたしたち人間自身も持っていることを理解しておくと、しなやかな心を育むうえで、とても役に立ちます。

ひとつは、物事が上手くいっている時。

物事がスムースに上手くいくのは、とても嬉しいことですが、その状態が永遠に続くとは限りません。世のなかのサイクルに沿うと、いつかはカオスになる時期が来るかもしれない、と意識しておくことが、心の事前準備につながります。もし、上手くいかないことが起こり始めても、サイクルが回り始めたのかもしれないと捉えることで、落ち着いて対応できる可能性が増します。

もうひとつは、物事が上手くいかない時。

何をやっても上手くいかなくて、落ち込んでしまう時には、何かを手放したり、じっとして自分を休めてみてはいかがでしょうか。手放すことで、あるいは、しばらく冬眠に入ることで、いずれは眠りから覚めて、自分も新たに芽吹くことができる、それが生き物に共通した変化のサイクルだからと、むしろ、新たな始まりに自分の意識を向けることができるかもしれません。

わたしたちは、未来を生きる子どもたちのために、これまで以上に地球の持続可能性や環境問題に真剣に向き合い始めています。自然に向き合うことは、今のわたしたちにも、大きな価値をもたらしてくれます。自然に目と心を向けて自然を感じることで育まれていく“Sense of Wonder”。“Sense of Wonder”を毎日の生活に取り入れて、しなやかな心を育んでいきましょう。

しなやかなキャリアを育む習慣

キャリアの8割は、予期せぬ偶発的な要素で決まる！

米国スタンフォード大学の教育学・心理学者ジョン・D・クランボルツ教授が、1999年に提唱した「計画的偶発性理論」をご存じでしょうか。

クランボルツ教授がビジネスパーソンとして成功した人を調査したところ、**キャリアのターニングポイントの8割が、偶然の出来事によるものであり、18歳の時になりたかった職業に従事している人は、たったの2%ということがわかったのです。**

この結果から導き出された理論が「計画的偶発性理論」です。クランボルツ教授は、このキャリア理論で以下のことを述べています。

・キャリアの8割は予期せぬ偶発的な要素で決まる

・普段から準備をすることで、偶発的な出来事がチャンスになり、キャリアにつながる
・偶発的なチャンスを待つのではなく、自ら意図的に行動することでチャンスが増える

予想もしなかった偶然が、キャリアだけではなく、その後の人生をも決定づけるということは、わたしも自分の過去を振り返って確かにそう思います。

何が偶然に、その後のキャリアにつながるかわかりません。だからこそ、いつでも幸運の女神の前髪を掴める準備をしておくことが大事なのです。

わたしの好きな世界的に著名なコーチのアンソニー・ロビンズ氏も、「準備とチャンスとが出会うと、幸運という子どもが生まれる」と語っています。

これまでの経験から、わたしは、彼の言葉はまさにその通りだと思います。わたしの人生でも準備がチャンスにつながり、幸運なキャリアを生み出してくれたことが少なくないからです。

では、どのような考え方と事前準備が、しなやかなキャリアにつながるのでしょうか？

わたしの経験をもとにお話ししたいと思います。

キャリアの3レイヤーで無形資産を蓄積する

まず、最初に挙げられるのが、**無形資産の蓄積**です。しなやかなキャリアを育むためには豊かな土壌が必要です。無形資産の蓄積は、まさにキャリアを育てるための土地を耕し、栄養分を与えることだと言えるでしょう。

蓄積すべき無形資産として、まず挙げられるのは、スキルや知識。それらは、仕事に直結していますし、履歴書やプロフィールに記載することも多いので、一番明確にしやすい無形資産だと思います。ここで大切な観点は、単なる知識だけを重要視するのではなく、経験や自らの経験に基づいて生みだされた知恵やノウハウを無形資産として見える形で蓄積していくことです。例えば、活動の実績や積み重ねてきた経験に関する情報がインターネット上に蓄積されていることは、新たなキャリアの偶発性を高めるひとつのきっかけになるかもしれません。

そして、人とのつながり。わたしはこれまでの経験で、ビジネスを創るのも、人生の可能性を拡げるのも、ヒューマンネットワーク（人脈）が鍵になることを学びました。コラボレーションが盛んな現在、「この人と自分のスキルを合わせると何が生まれるか」を考える意味でも、人を知っている、人とつながっていることには大きな価値があるのです。

仕事に関係した生産性に直結する人脈に加え、幸せに生きる活力になる友人や家族、さらには自分の可能性を拡げ、新たな自分を創る、世代や専門領域を超えた多様性に富んだつながり。**様々な人と交流し、互いのつながりに感謝して、活きた資産としてマネジメントする。**それが豊かな心と、しなやかなキャリアを育む、最大の秘訣であり重要な資産になるのだと思います。

そして、これらの無形資産を蓄積していくうえで大切なことは、キャリアの範囲を自分が所属している会社や組織の範囲に限らず、より広い視点で捉えることです。具体的には、キャリアを次の3つのレイヤーで考えることをお勧めします。

レイヤー1　職歴として示せるキャリア

自分が仕事をしてきた企業や職務やポジションなど、自分の職歴の柱になるキャリア

レイヤー2　仕事をより広げたキャリア

仕事を少し広げて見た場合のキャリア。たとえば、仕事を通じたコラボレーション、副業、プロボノ（職業上持っている専門スキルを無償で提供するボランティア）など、目先の仕事だけではなく、現在の仕事を通じた自分の活動やつながりを、より幅広いキャリアとして意識し培ってい

くことが大切です。ここをキャリアとして捉えることで、本業では接点が生まれにくい人脈作りや多様性に富む経験を得ることにつながります。また、わたしの経験では、将来の計画的偶発性は、このレイヤーから生まれる可能性が結構高いのです。

レイヤー3　仕事以外で打ち込めるキャリア

仕事以外で打ち込めるキャリア。たとえば、趣味やボランティアなどの活動に取り組むことで、仕事だけでは得られない視点や経験や人脈を培うことができます。仕事以外で自分の強みを持つことは、その過程で得られた経験が仕事の質を上げることにもつながります。

これらの3つのレイヤーが相互にシナジーを発揮して、それぞれのキャリアに深みと多様性をもたらし、新たな無形資産を創り出していき

【3レイヤーで無形資産を蓄積する】

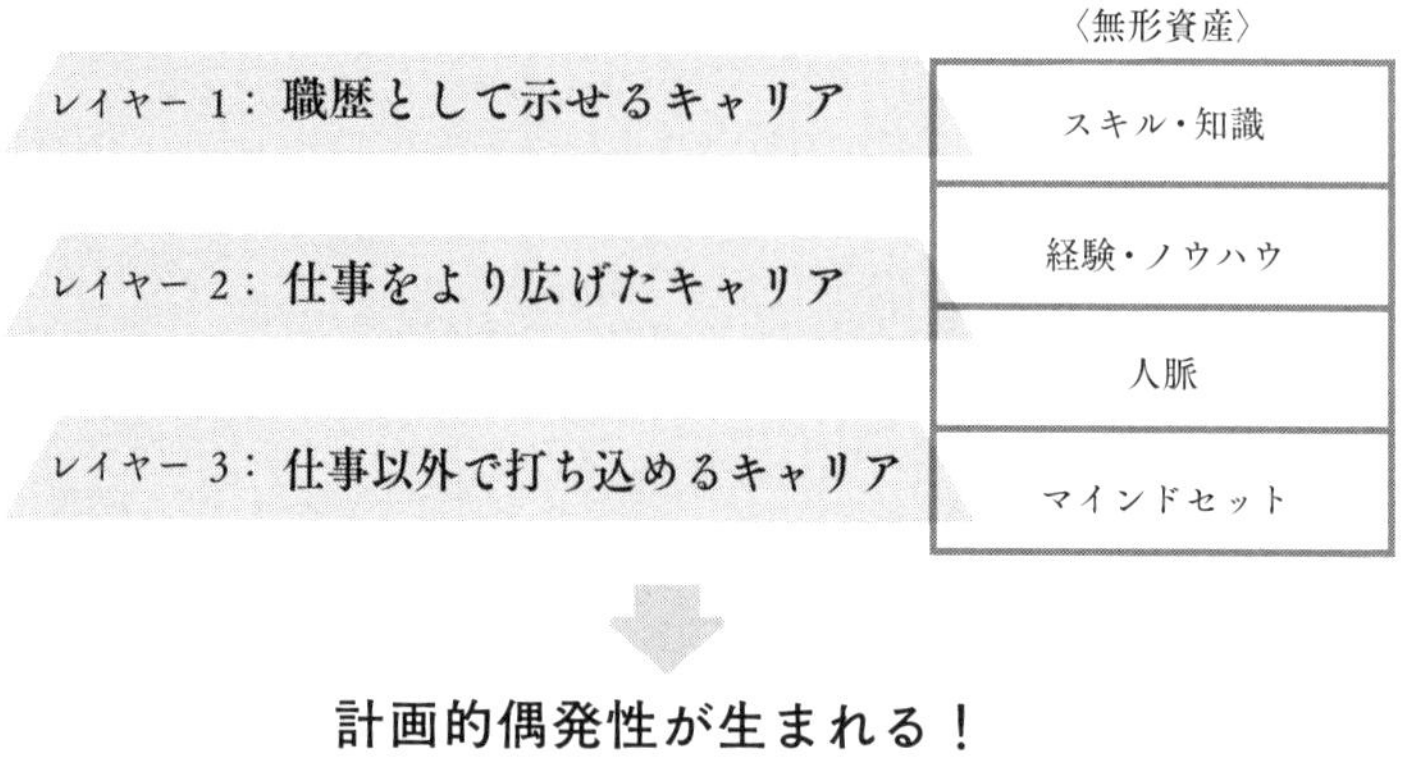

ます。

無形資産の構築を意識しつつ、仕事とプライベートの両方で柔軟にキャリアを積んでいく。その姿勢が、しなやかなキャリアと自分らしい人生設計の後押しになるでしょう。

「機会×準備×経済力」で人生の選択肢を増やす

クランボルツ教授も計画的偶発性理論のなかで機会と準備の重要性を述べられていますが、わたしは、**「機会を増やす」「準備をしておく」「経済力をつける」**の3つの視点を大切にして、その掛け合わせで人生の選択肢を増やすことを心がけてきました。

「機会を増やす」ためにわたしが心がけているのは、次のようなことです。

- いっぱい新しいことをやってみる。
- 楽しいことを考えてみる。
（楽しいことを考えると、脳の働きが活発になるのでとくにお勧めです！）
- 自分の考えを書いてみたり、誰かに話してみたりする。

こうした一つひとつの積み重ねが、機会を増やすことに自然とつながっていきます。

次は、**「準備をしておく」**です。

わたしは、準備にはいくつかの段階があると考えています。

①自分の価値観の棚卸し

自分にとって大切なもの、自分が幸せに思うことは何かを常に明確にしておく。

②機会を掴むための心づもり・仕込みをしておく

チャンスに巡りあった時、どんな風に自分はそれを掴んでいくか。

いざという場面で迅速な判断を下してアクションを起こせるよう、前もってメンタルリハーサルや勉強をしておく。

③チャンスに気づく眼を養う

絶好の機会が訪れても気づけなければ、チャンスの女神はすっと通り抜けてしまいます。

「何のために、これ（仕事、勉強、休職、趣味、子育て……）をしているのか」と、行動の先にある目的や意味や価値について考える。その習慣が、チャンスに気づく目を養います。

【機会×準備×経済力】

○新しいことをやってみる
○楽しいことを考えてみる
○考えを書いてみる・
　話してみる

○自分の価値観の棚卸し
○チャンスをつかむ
　心づもり・仕込み
○チャンスに気づく眼を養う

○自分で判断し
　投資するための力

わたしは準備とは、未来の「こうありたいわたし」を、自らの手で先取りすることだと思っています。

そして、**「経済力をつける」**です。

人生の決断の場では、経済力を必要とされる時があります。

キャリアや人生において新たな方向へ進もうとする時、経済力があるかないかで、その後の展開が変わる場合があります。わたしは女性が働き続ける重要な意味のひとつは、自ら判断や決断をするための経済力をつけることにあると信じています。機会に恵まれて準備が整ったら、自分で判断や投資をして素早く行動を起こせるようにしておくことが、しなやかなキャリアを育むための大切な力になります。

経済力といっても、お金持ちになるとかそういう話ではありません。

ここでお伝えしているのは、自分で決断できる力としての、自分に投資をするための、最大の自立&自由のための経済力です。人生の選択肢を増やし行動を起こすためには、武器としての経済力も重要だと思います。

わたしは多くの方に、**「機会を増やす」×「準備をしておく」×「経済力をつける」**の考え方を使って、しなやかなキャリアを育んでいただきたいと願っています。

コミュニケーションの質を上げて、キャリアの質も上げる

アンソニー・ロビンズ氏は、『一瞬で自分を変える法』（三笠書房　2006）のなかでこう語っています。

「人生で何を成し遂げられるかは、コミュニケーション力と大きな関係がある。
現代では、『人生の質＝コミュニケーションの質』なのである。」

わたしは、キャリアの質も同様だと思います。コミュニケーションの質を上げることは、しなやかなキャリアの育成に通じると感じています。ですので、コミュニケーションの質を上げる2つの方法について、お伝えしたいと思います。

ひとつは、他の章でも触れた、他人の心を読み取ったり、行動を真似たりする脳の神経細胞である、ミラーニューロンの働きを活用する方法です。コミュニケーションが巧みな人は、この働きを意識的に活用していることがわかってきています。

たとえば、コミュニケーションが上手にとれる人は、初めて会った人にも親身に接しますし、物腰もやわらかいのです。

早口で話す人には、スピーディに言葉を返し、ゆっくりと話す人には、黙って相手の言葉に耳を傾ける。いつでも相手に合わせた、柔軟な対応をしているのです。

コミュニケーション能力に優れている人たちを研究して判明したのは、その人たちが自分の言動が相手に喜んでもらえるのを知っていることでした。なおかつ相手の喜びが、自分自身の幸福度を上げ、パフォーマンスの向上につながるとも理解していたのです。

そのような人たちのコミュニケーション方法には、いくつかの特徴がみられます。

・相手を観察して、身振りや姿勢をさりげなく真似ている
・相手の使っている言葉をそのまま繰り返している（バックトラッキング）
・相手の声の調子や話す速度に合わせて自分の話し方を調整している（ペーシング）

こういった方法を取り入れると、コミュニケーションする相手と自分との間に共通点を増やすことができ、互いの関係性が深まるのです。
人との間に信頼関係を築くミラーニューロン効果を、ぜひ皆さんも活用してみてください。

もうひとつは、人の五感の特質を活用する方法です。
人が手を使って何かをする時、無意識に利き手を使うように、視覚、聴覚、触覚、味覚、嗅覚で成り立つ人間の五感にも、人それぞれで、優先的に使用する感覚器があるといわれています。

視覚を優先するタイプ、聴覚を優先するタイプ、そして、触覚、味覚、嗅覚などを含めた身体の感覚を優先する体感覚優先タイプ。これらのタイプごとに、同じものを見聞きしても、脳内での処理方法の差により、記憶方法や記憶をもとにつくるイメージや、言葉での表現の仕方が異なるそうなのです。

たとえば、チームで目標に取り組んでそれを達成した未来を想像する場合、優先する感覚タイプによって、それぞれの思い浮かべるイメージは違ってきます。
視覚優位なタイプであれば、メンバーが喜んでいる顔やその場の情景が目に浮かび、聴覚優位なタイプには、メンバーの歓声や喜びの声が聞こえ、体感覚優先タイプなら、わくわくする

【感覚タイプに合った言葉を使おう】

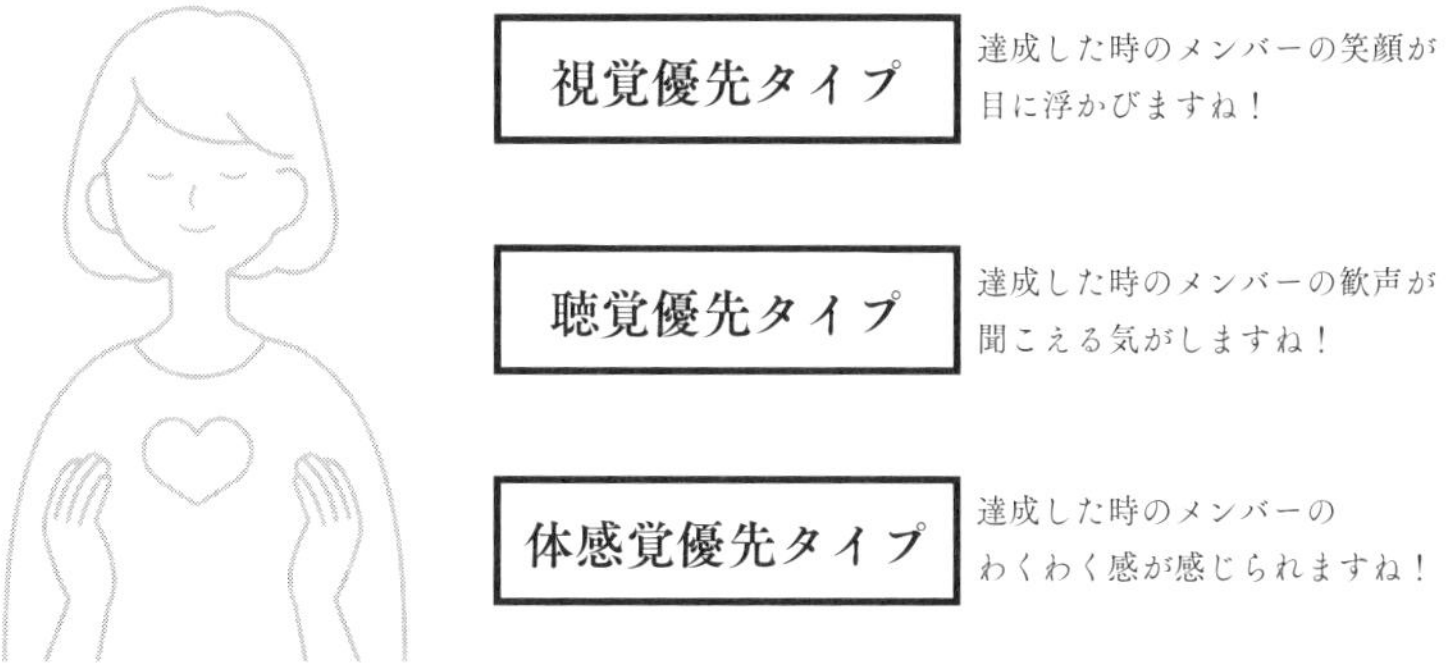

視覚優先タイプ	達成した時のメンバーの笑顔が 目に浮かびますね！
聴覚優先タイプ	達成した時のメンバーの歓声が 聞こえる気がしますね！
体感覚優先タイプ	達成した時のメンバーの わくわく感が感じられますね！

相手の感覚タイプに合った言葉を使うことで、
より相手の心に言葉が届くことでしょう。

自分やメンバーの感情を感じる、といったように違いがあるのです。

自分がどのタイプなのかは、特定の事柄を思い出したり想像する時に、最も強く感じるところに気を配ってみると推測できます。映像が浮かぶのか、音が聞こえる気がするのか、自分の感情を感じるのかといった具合です。

逆に、相手の方のタイプは、その人がどのような言葉をよく使うのか、例えば、情景に関する表現か、音に関する表現か、あるいは、気持ちを表す表現か、に注意を向けると、ある程度までは想像がつくでしょう。

人の感覚タイプは固定されているわけではなく、状況によって使い分けていると言われますので、必ずしも決めつけはできません。でも、タイプに合った言葉を使うことで、より相手の心に言葉が届き、コミュニケーションの質を上げることにつながるでしょう。

相手とのよりよいコミュニケーションを築き、しなやかなキャリア形成に活かすためにも、機会を見て、このようなやり方を試してみてはいかがでしょうか。

メンタルリハーサルで成功体質になる

「準備をしておく」のところで触れたメンタルリハーサルは、しなやかなキャリアを育むうえでとても重要な役割を担いますので、改めて具体的にお伝えしたいと思います。

人の無意識は、実際の体験とイメージとの区別がつきません。

頭のなかで何度もイメージした自分を、実際の現実に存在する自分だと錯覚します。

何かに成功する人は、成功するイメージを無意識に持っている人が多いと言われますが、それは、メンタルリハーサルの質が高いことを意味するのかもしれません。

逆に、いつも悲観的で失敗しないかと怯えている人は、残念な結果に落胆する自分を、自ら出現させるように仕向けているといえるでしょう。

たとえば、あなたがほしいポジションを獲得するために、面接を受けるとしましょう。面接では誰しもが緊張するので、あなたも失敗を心配するあまり、恐怖を感じるかもしれません。でも、失敗するかもしれないと、心配してはだめなのです。なぜなら、失敗のイメージが本番の面接時に、あなたの身体からメッセージとなって発信され、失敗が現実になってしまうからです。

やるべきことは、自分が希望するポジションに就いて活躍している情景を、五感でイメージして未来の成功体験を脳へ植え付ける、メンタルリハーサルを繰り返すことなのです。

あなたが望むポジションを手に入れ、活躍している時に、あなたは何を見て、どんな音や声を聞いて、どのような感情を抱くでしょうか。できるだけ視覚、聴覚、体感覚を使い、臨場感たっぷりにイメージしましょう。イメージのなかのあなたは、既に、活躍しているあなたなのです。

そして、面接時には未来の成功体験を思い浮かべながら、自信を持って話をする。そうすることで、現実の成功を手に入れる確率が、グンと増すでしょう！

なぜそのような効果が得られるかというと、人が内面に持つイメージと、その人の感覚や精神状態が連動するからなのです。

ポジティブな感覚や精神状態からは、同じように前向きな行動が生まれます。すでに欲しいポジションで活躍しているメンタリティで話をしているあなたは、面接官にも、そのポジションに相応しい人物が語っているように映るのです。

なお、メンタルリハーサルを行う時には、上手くいく場面だけではなく、念のために、自分が向かせたいと思う方向にいかない場合のこともイメージしておくと安全です。もし不本意な方向に進んだら、どうやってリカバリーをするか、そのリハーサルも事前にしっかりとやっておきましょう。

手書きのパワーで目標を叶えていく

しなやかなキャリアを育む習慣のお話の最後に、わたしが続けている3点日記についてご紹介します。

この呼び名はわたしがつけたのですが、自分の人生で最も大切だと考え、達成したいと望むことのなかから、優先度の高い3つにテーマを絞り、毎回そのテーマについての内容を書く日記のことなのです。

日記の書き方は、まず、今の自分にとって何を成し遂げることが大切なのか、誰との関係を一番大事にしていきたいかなどを、じっくりと考えてテーマを3つに絞り込みます。

それから、テーマごとに、自分の気持ちや取り組み、テーマに関連して起こった出来事などを書き記していきます。

書く時間帯は、個人的には朝がお勧めです。頭がすっきりしていますし、事実や自分の気持ちにポジティブになれますので。わたしは、**3点日記**を書こうと思う日は、朝起きてすぐに、10分〜15分程の時間を書くことに当てています。

そんなに時間をかけなくても、少しの内容を記すだけでも構いません。**3つのテーマで、ノート1ページを1日分に割り当て、1ページ以内で書きます。**毎日書いてもいいですし、不定期でも問題ありません。

ただし、3点日記を書くのは手書きにしましょう。そして、書く時に意識するのは、できるだけポジティブに自分の気持ちを表現することと、「×××しよう！」とか「×××をやってみる！」などの具体的なアクションを書くことです。

手書きって、複合的な力があるそうなのです。ドミニカン大学カリフォルニア校の心理学教授であるゲイル・マシューズ教授の調査でも、**目標を手書きすることで、達成率が42%も上がった**というデータが得られています。

わたしたちがペンで紙に文章を書いている時には、脳が非常に活発に動いている状態にあります。しかも、右脳と左脳の両方がバランスよく使われ、脳の複数の領域が同時に活性化されることにより、目標の達成率が大幅に上がる効果が生じると言われています。

わたしは、セカンドステージの目標を3つ定めて以来、同じテーマで3点日記を書き続けています。テーマは同じですが、書く内容は少しずつ進化しています。なぜなら、書き始めた当初の目標は、不思議なことに、ほぼ達成できてしまったので。

時折懐かしく過去の自分の状況を振り返りながら、現在はさらに、その先の目標を書き続けています。手書きのパワーで目標を叶えていく人が増えていくことを願っています。

毎日を「始まりの日」にする

人生でやり残したことをひとつでも減らしたい

わたしは、人生のセカンドステージをどのように生きていこうかと考えるなかで、3つの想いに行きつきました。

1つ目は、自分がこれまでの人生で培ってきた経験を最大限に活かして、社会のために、誰かのために役立ちたい
2つ目は、「やり残したこと」のない人生をめざそう
3つ目は、自分にとって意味のあること、面白いと思えることだけをやろう

この3つの想いを土台に、セカンドステージにとって最も大切となる柱を決めました。それは、次のような内容です。

柱１：富士通で培った、ものづくりやＩＴ／ＤＸの経験、ダイバーシティ推進の経験を経営に活かし、企業に貢献する
柱２：起業して自らの会社を経営しつつ、ダイバーシティ推進の経験や神経心理学コーチングのスキルを、女性の活躍推進に活かし、しなやかに活躍する女性を増やして、社会に貢献する
柱３：夫と幸せな時間を過ごす

この3つの柱を定めた当初から、今でも達成したい目標を3点日記に書き続けています。そして、これらの柱に沿って活動を開始するにあたり、自分の基準で"I am OK"と思える状態に自分を持っていくために、いくつかの準備を行いました。

わたしが行った主な準備は、まず自分に投資をして、必要な資格や経験を得たことが挙げられます。

次に、必要な領域の知識を本やセミナーで学ぶとともに、自分が培ってきた経験とそれらを重ね合わせ、自分なりの解釈や流れを加えたプレゼン資料やストーリーとしてアウトプットしました。知識はインプットするだけでなく、自分なりの形でアウトプットすることで初めて活用する準備になるのだと思います。

最後に、これらの準備を目標達成につなげるために、半年、1年、3年くらい先のゴールを設定し、そこからバックキャスティング（未来から現在に向かい逆算して考える思考法）で、いくつかのマイルストーンを設定しました。

半年、1年程度先のゴールからのバックキャスティングで、重要な案件や少し先の自分のありたいイメージを具体化することは、今のわたしにとっても、非常に役立っています。わたしは定期的にノートに時間軸を書いて、必要に応じてゴールの設定や、マイルストーンの見直しを行っています。

セカンドステージに足を踏み入れて以来、予定どおり起業した株式会社SoW Insightをベースに、わたしは女性の活躍推進に携わりつつ、複数社で社外取締役として経営にもかかわらせていただいています。さらに、東京大学でのアンコンシャス・バイアスの取り組みなど、やらせていただく仕事が不思議なことに、どんどん広がっています。

定年退職後の第二の人生については、自分自身でも子どもの頃には、ある程度の年齢になったら縁側でお茶でも飲んで、ゆっくり過ごしているイメージを持っていました。でも、時代は変わりました。わたしの周りには、それぞれのやり方で、第二の人生を楽しんでいる方々がたくさんいて、互いに刺激し合っています。それぞれが持つ目的やモチベーションは様々です。

今のわたしの大きなモチベーションは、「人生でやり残したことをひとつでも減らしたい」ということです。人が死を迎える時に後悔するのは、失敗したことではなく、やらなかったことだといわれますから。

世のなかの基準からすると、自分はもう若くないし、過ぎてしまった時間は戻せない。かといって、自分はもう若くないと思ってやりたいことを躊躇っていたら、ますます時間はなくなっていくだけ。

未来のわたしから見れば、いまの自分が一番若いですし、すぐにアクションを起こせば、行動できる時間は最大になります。

だから、わたしは毎日を、「始まりの日」にすることにしているのです。

自分がやりたいことを限りある時間のなかで、ひとつでも多く実行するために。

日々小さな発見や、新しい1歩を見つけてわくわくしながら、毎日を未来のわたしの「始まりの日」として楽しんでいます。

おまじない

たとえ世のなかが変わっても、自分らしく、しなやかに活躍するために意識すべき大切なことは、不変なのではないでしょうか。

「自分のゴール・ありたい姿」「何のために」「自分の価値観・自分のこだわり」への考えを深めていくのは、どんな時代にも共通する、しなやかな人生、しなやかなキャリアを創るための大事なポイントだと思います。

そして、「Sense of Wonder」。

“Sense of Wonder”にもとづいた、自然を感じる感性、美意識、好奇心は、いつの時代にもわたしたちの心を、しなやかに成長させてくれる。そうわたしは信じています。

この本の最後に、わたしが大切にしている、おまじないを皆さんと共有したいと思います。

これは、わたしが米国NLP&コーチング研究所のハルボムご夫妻から教えていただいた、プロフェッショナルコーチとして、自らの心の状態を整える4つの意識の方向を表す言葉なのです。

【おまじない】

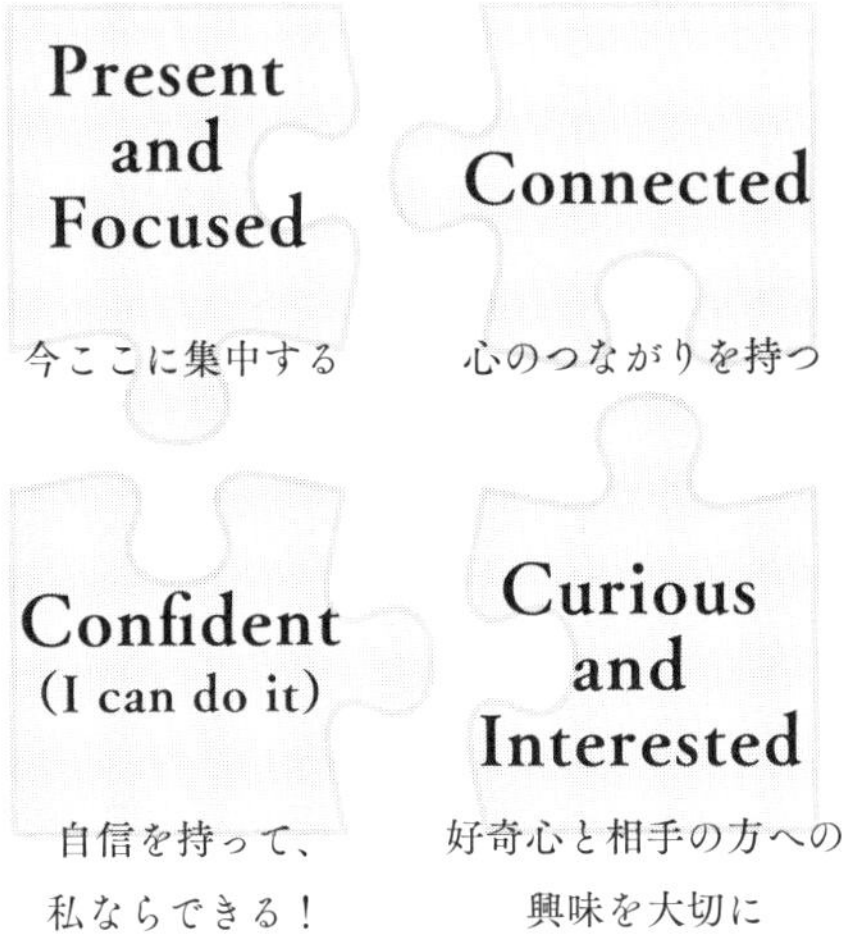
Present and Focused
今ここに集中する
Connected
心のつながりを持つ
Confident (I can do it)
自信を持って、私ならできる！
Curious and Interested
好奇心と相手の方への興味を大切に

コーチングはもちろん、わたしは大切な人にお会いする時や重要な会議に出席する時には、必ずこれらの言葉を何度も心のなかで繰り返し、自分の意識がこの4つに集中するよう、方向づけをします。

わたしにはオリジナルの英語表現が心にしっくりくるので、心のなかで唱える時は英語でおまじないをしますが、わたしなりに想いを込めた日本語の表現もつけてみました。

皆さんのしなやかな人生にも、このおまじないがお役に立つことを祈って。

仕事にも生活にも役立つ「しなやかで豊かな心を育む習慣」

これまでの各章で、わたしの経験や学びから得た考え方や知恵をお伝えしてきました。ここからは、仕事にも日常生活にも役立つ、しなやかで豊かな心を育むヒントをご紹介したいと思います。

◆1日1回は空を見る

わたしは朝起きたら、まずは必ず空を見上げて、空の色や雲の形を見ることを習慣にしています。決まった場所から眺めても、空の色や雲の形って、1日たりとも同じ日はないので、その変化を毎朝楽しんでいます。

空が青い日は、なんだか心が軽くなり、それだけでうきうきした気分になります。色彩心理上も青色には、気持ちを落ち着かせ、リラックスさせる効果があると言われますので、その効力が発揮されているのかもしれません。色による効果に加えて、空を見上げるという身体の動きが、気持ちによい影響を与えてくれるようです。

人の脳は、姿勢の良し悪しや顔の表情などの身体の状態に影響を受けます。顔を上げて、背筋をピンと伸ばす姿勢は前向きな気持ちにつながり、自分の精神状態に自信を生み出し、ポジティブな気分にしてくれるのです。

◆散歩のススメ

コロナ禍でリモートワークが中心になって、朝の通勤時間がなくなり時間に余裕ができたことと、運動不足になったのがきっかけで、週に何度か早朝散歩をするようになりました。

自然を眺めながら歩くと、身体を動かせるうえに気持ちもすっきりしますし、何よりも散歩が頭の整理に役立つということに気づきました。今では早朝散歩は、わたしの生活のなかで欠かせない習慣になっています。

脳科学によると、歩行には、脳の海馬(記憶の中核で感情の制御もしている部位)を成長させる効果があるそうです。人は歩くことによって心が落ち着き、ストレスにも強くなる。そのうえ、記憶力や創造性、集中力といった認知機能までが高まるそうなのです。

わたしは自分の考えの整理や、プレゼンの内容を検討する必要がある時は、ある程度事前に内容を頭のなかで準備したうえで、散歩中に、ロジックや流れを整理するようにしています。

歩きながら全体の流れを考えていると、新たな気づきがあったり、よりよい発想が生まれたりするので、この方法はお勧めです。

◆雑草に目をとめる　雑草を楽しむ

散歩をしながら、もうひとつ楽しんでいることがあります。それは、雑草に目をとめて、雑草を愛でることなのです。

高温多湿な日本では、いたるところに雑草が生えています。舗装された道路の隙間、道ばたや空き地、畑や野原などに茂る雑草を、わざわざ目にとめたり、気にかけたりする人は、さほど多くはないのかもしれません。

でも、せっかく雑草が豊かな日本で暮らしているのですから、雑草を楽しまないと、もったいない気もします。わたしは散歩をしながら、季節ごとに様子を変える雑草を見るのが好きです。

誰に見てもらえるわけでもなく、褒められもしないのに、小さな花をきれいに咲かせ、美しい緑の葉を勢いよく伸ばしている。その姿を目にするたびに、逞しいなぁと感心させられ、元気をもらいます。

雑草の成長は驚くほど早く、周囲の状況や天候に合わせて、静かに、しなやかに変化します。毎回の散歩で見かける雑草の変化から、わたしは楽しみと、しなやかに生きるための元気と勇気をもらっている気がします。

◆自分に合った瞑想を生活に取り入れる

わたしは時折、生活のなかに瞑想の時間を持つようにしています。瞑想をする目的は、今ここに心を集中するマインドフルネスの状態をつくり、心を穏やかにするためです。

先でもお話ししたように、アメリカで行われた心理学の研究によると、人間は、1日のうちで6万回も考えごとをしているそうなのです。その考えごとの多くは、過去への後悔や、将来への心配や不安だそうで、何とわたしたちは一日の大半を、自分の記憶の世界の内側に潜り込んでいるのですね。

このような状態から抜け出して、心豊かで心身ともに充実した、よりよい状態になるためには、ストレスを減らさなければなりません。心を整えて不安な気持ちをなくし、ストレスを減らすには瞑想が役立ちます。

わたしの場合は気軽にできる瞑想を、時折暮らしに取り入れるようにしています。たとえば、朝の散歩中に5~10分、自分の呼吸と歩いている足裏の感覚に意識を向けて、歩く瞑想を行うことがあります。

他にも、1～2週間に1度はサウナへ出かけ、サウナに入りながら自分の呼吸と汗の感覚に意識を向けて瞑想する時間を持つこともあります。

瞑想した後は、身体がすっきりするとともに、穏やかな気持ちになるので、その続きで歩きながら、あるいは、サウナのなかで、気になっている事柄を頭で整理し直します。そうすると、客観的な整理ができる気がしますし、考えごとに対しても、ふっと新しい切り口が浮かんだりします。

◆眠っている時間を活用して考え、新しい発想を得る

人は人生の1／3近くを眠って過ごし、さらに、睡眠時間の1／3は夢をみているといいます。それだけの時間を眠りと夢に費やしているのだとしたら、その時間を有効に活用しないのは、実はもったいないことだとわたしは思っています。

人間だけではなく、すべての動物が毎日行う、「眠る」という行為。眠りは、わたしたちの身体や脳を休める以外に、記憶にもプラスに働くということが解明されています。

眠っている間に、重要でない出来事にかかわる、ムダな脳の神経細胞の結合が弱まります。それにより重要な記憶が保存されるとともに、翌日の神経細胞の結合を強化する働きに役立つのだそうです。

また、夢をみる行為は、起きている時とは異なる意識の状態で、自分の関心事について考える行為だともいわれています。

とくに、想像力や視覚化が求められる問題を解くことに、夢が役立ちます。眠る前に自分が気にしている特定の事柄について考えておくと、夢を使って、普段は思いつかない発想を得られる可能性があるのです。

わたしは自分でも、眠っている時間や夢を活用することを、習慣に取り入れています。ご提供しているキャリアデザインセミナーのなかでも、自分のありたい姿や実現したいゴールについて考える方法のひとつとして、眠っている時間や夢の活用をお勧めしています。

具体的には、このようなやり方をします。

① 自分のありたい姿や実現したいゴールをイメージし、簡単な文章と簡単な絵で表現してみる

② 夜眠りにつく前に、横になりながら5分か10分、自分の書いた文章と絵について考え、イメージを膨らませる

③ 朝、目が覚めた直後の、まだ、ぼーっとしている時に5分か10分、横になりながら自分がみた夢と自分の文章や絵について考え、浮かびあがってきたイメージやフレーズについて頭のなかで整理してみる

④ 何か気になるイメージやアイディア、フレーズが得られた時には、起きた後で忘れないうちに簡単にメモをする

⑤ ②～④を、できるだけ毎日繰り返し、習慣にしていく

◆毎日声に出して「ありがとう」を伝える

「ありがとう」は、第4章で触れた幸福学の前野教授が提唱されている「幸せの4つの因子」の、2つ目の因子にあたります。この言葉は、つながりと感謝を表すとされています。

人の喜ぶ顔を見たいと思ったり、自分を大切に

思ってくれる人たちがいると実感したり。日々の生活のなかで他者へ親切にしたいと願い、自分には感謝することがたくさんあると感じられる気持ちを持つのが、幸せにつながるそうなのです。

わたしは毎日、1日に1回以上は、声に出して「ありがとう」を、身近な人に伝えるように意識をしています。

ごみ出しをしてくれたら「ありがとう!」、庭木に水まきをしてくれたら「ありがとう!」、食後に食器を洗ってくれたら「ありがとう!」と、その都度、声に出して言う感じです。

人間は無意識のうちに、自分の言葉を聞いているといわれます。「ありがとう!」を言われた相手も、きっとその気持ちを嬉しく感じてくれると思いますが、声に出して感謝を伝えることは、わたし自身の無意識にとっても意味があると思っています。

そして何よりも、「ありがとう!」を伝えるたびに、ありがとうを伝えたい人が今日も身近にいるんだ、という幸せを感じるのです。

年齢を重ねてきたからか、こういった平凡な幸せが永遠には続かないことを、わたしは心のどこかで少しずつ、リアルに意識し始めています。

だからこそ、「ありがとう!」を伝えたい相手が身近にいて、実際に伝えられることを、とても幸せに感じています。

◆笑顔で幸せを先取りしよう

「We don't laugh because we're happy - we're happy because we laugh.（人は幸せだから笑うのではない、笑うから幸せなのだ）」

わたしは、ニューヨーク生まれの心理学者・哲学者、ウィリアム・ジェームズ氏のこの名言がとても好きです。常にこの言葉を意識していたら、いつしか人と話をする際には「笑顔」が習慣になりました。

たとえば、いつも怖そうな顔をしている相手と話す時には、大概の人は余計な緊張をしてしまいますよね。自分が話している最中に、相手がつまらなそうで怖い表情をしていたら、自分と話すのが面白くないに違いない、自分は何かミスをしたのだろうか、と居心地の悪い思いをしませんか？

わたしが人と話をする時に笑顔になるのは、相手にそのような気まずい思いをしてほしくない気持ちが根底にあります。さらに、笑顔で話をすることで自分自身をリラックスさせられ、自分自身が幸せを感じることができるからなのです。

笑顔をつくると、脳内の快に関する神経伝達物質であるセロトニン、ドーパミン、エンドルフィンが分泌され、幸福感が増すといわれます。

この効果でリラックスした幸せな気分になれて、多くの場合、自分の感じている心地よさは相手の方に伝染して、笑顔の輪が生まれるように感じます。

笑顔をつくると、いいことずくめです。

そのうえで、毎日1回でも多く、声を出して笑うように心がけています。積極的に自分から面白いと感じる出来事を探したり、そのような話題で人と話したりするよう意識しています。

ちなみに、面白いと感じて声を出して笑うと身体の血流がよくなり、脳に運ばれる酸素の量が増え、脳が活性化するそうです。いつまでも幸せを感じ、脳を活性化させるためにも、笑う機会を増やしていきたいと思っています。

◆触れて癒される、柔らかさや温かさ

わたしたちの考えや選択の多くは、自分でも意

識しないままに、無意識の働きにより行われています。そのためわたしたちの気持ちは、環境に左右されやすいのです。その習性を利用した、触感からリラックスを得る方法をお伝えします。

人の皮膚にはC触覚線維と呼ばれる触覚があり、その触覚によって快や不快、安心感や嫌悪感といった情動が喚起されるといわれます。

肌触りがよく柔らかなものを触っている時に呼び起こされるのが、安心感や満足感。桜美林大学の身体心理学の山口創教授によると、快適な触覚刺激が脳に伝わると、幸せホルモンと呼ばれる神経伝達物質のオキシトシンが分泌され、人は心身ともにリラックスし、ストレスを軽減させることができるそうです。

わたしは、常に柔らかい、ふわふわなハンドタオルを持ち歩き、時折その柔らかな肌触りを、指先や頬で感じるようにしています。

ここ数年のお気に入りは、今治のワッフル生地のハンドタオル。気持ちが落ち着いて、お勧めです！

そして、わたしたちが触れている物質から伝わる熱量から、無意識に感じとる影響の大きさも侮れません。

たとえば、温かさ。コロラド大学とイェール大学で行われた実験で、温かい飲み物を持っている時には、人に対して温かい感情を抱き、優しい気持ちになれるという結果が得られています。

わたしは、夏でも人と会う時には、温かい飲み物を飲むようにしています。温かい飲み物が自分の心を温め、相手の方の気持ちも温めることができれば素敵なことですから。

おわりに

もしあなたが心の写真展を開くとしたら――

先週から、夫が銀座で個展（写真展）を開催しています。八甲田山麓、阿蘇山麓を中心に、大判のフィルムカメラで8年間かけて撮りためた風景写真の展示です。特徴的なところは、手掛ける人が少なくなってしまった大判フィルムを使った写真であることに加え、「はっぱのゆくえ」というテーマで、春に新芽が芽吹く時から秋に葉が色づき、いずれ海に還るまでの世界感を詩と写真で描いているところです。

夫は、富士通研究所で仕事をしていた若い頃から写真を続けてきました。60歳の時に、「これからの人生、自分が健康でいられる間は写真に生きたい」と言って定年退職し、それ以来、三浦半島の海を撮り続けています。

個展の挨拶文に、このような記載があります。

「8年間、大判カメラで撮影した写真には、必ず葉っぱと水の流れが写っていました。被写体を見つけた時に、不思議と思う心を大切にしてきました。

その不思議さに心を動かされてシャッターを切ってきました。不思議と思う心が、たくさんの葉っぱや水の流れに巡り逢わせてくれたような気がしています。」

これは、他でもないSense of Wonderを人生に取り入れ、写真に生きるなかで、それを体現していることそのものだとわたしは改めて感じました。

展示作品は、大判フィルムならではの解像度とアナログな色再現、そして、印刷された写真の大きさが相まって、デジタルでは表現できないリアル感と臨場感を醸し出しています。毎日会場で過ごす時間は、夫が描く世界観と一枚一枚の写真の凄さで、実際に自分が自然のなかで過ごしているような気がして、心が癒されるのを感じています。

個展の会場で過ごしながら、わたしは2つのことを考え続けています。ひとつは、展示されている同じ写真を見ながらも、わたしたちは自分の過去の経験に写真を重ね、一人ひとり異なる風景を見ているのだということです。そしてもうひとつは、もし、わたしが、心の写真展を開くとしたら、どのような風景を展示するだろうかということです。わたしには、必ず展示したい風景が3枚あることに気づきました。

1枚目は、子どものころに毎年、秋に生る実で首飾りをつくった「ジュズダマ」の原っぱ。ジュズダマは、イネ科の植物で、白・茶色・灰色・黒などの色が不思議な模様を描きだす硬くて光沢がある実が特徴的です。家の前にあった原っぱにどういうわけか、ジュズダマが一杯生えていたのです。ジュズダマの原っぱを思い浮かべると、子どもの頃の懐かしい思い出や今は亡き両親と過ごしたシーンが次々によみがえり、何とも言えないノスタルジックな気持ちにさせられます。

2枚目は、1999年に家族で行ったサニベル島（Sanibel Island）の貝殻で埋め尽くされた海岸。サニベル島は、フロリダ半島の西岸にある島で、世界で3番目に貝殻が多い島なのです。今でも、子どもたちと一緒に貝殻拾いをした、貝殻が一面に広がる海が目に浮かびます。その時のフロリダ旅行がシリコンバレー赴任を引き寄せたのではないかという気がしていることもあり、わたしの心の写真展には欠かせない1枚なのです。

そして3枚目が、芸術家が多く住む北カリフォルニアの町、メンドシーノ（Mendocino）の海岸。アメリカ駐在中は、毎年、春・夏・秋と何度も訪れ、海岸で遠くのアザラシを眺めたり、海辺の植物を探索したり、砂浜に横たわってゆったりと砂の温かさを感じたりして過ごしていました。メンドシーノは、家族で過ごしたアメリカ生活の想い出が凝縮されているわたしの心のふるさとなのです。

わたしは、人生って、自分だけの個展を創り上げていくことなのかもしれない、という気がしています。個展のテーマを決め、思い出が詰まった写真を並べ、それぞれにタイトルをつけ、全体のストーリーを描く。時には、テーマを変えたり、並べる写真を入れ替えたり。ストーリーを変えることもあるかもしれません。少しずつ全体の調和を整えながら、一枚一枚、新たな写真を並べていく。それぞれの写真は、見る人によって異なる写真に見えるかもしれません。でも、自分が、個展の会場のなかで一枚一枚の写真を眺めて回りながら、わくわくしたり心が癒やされたり、満足できるのなら、個展は大成功なのだと思います。

わたしの個展には、3枚の風景写真の他に、わたしの2人の子どもたちの写真がいっぱい並んでいます。その写真のお蔭で、わたしは自分のなかから愛情が溢れでる喜びを知ることができました。わたしの個展で最も価値があるのは、あなたたちの写真が並んでいることに他なりません。本当にありがとう。

そして、わたしの夫、孝文さん。あなたの言葉や考え方から、わたしは常に刺激をもらい、学び続けてきました。あなたなしでは、わたしの個展は成り立ちません。1枚でも多く、あなたと共に過ごした思い出の写真を並べていきたい、それが、わたしの心からの願いです。

最後になりましたが、本書をお読みいただいたすべての方に、心より感謝を申し上げます。
皆さまが、しなやかな心とキャリアで、自分らしい個展を創り上げていかれることを心より願っております。

2022年11月吉日

中条　薫

［著者略歴］

中条 薫（ちゅうじょう・かおる）

株式会社SoW Insight 代表取締役社長
富士通入社後、米国富士通研究所駐在、モバイルフォン事業、IoT事業を経て、2017年に本部長としてAI事業の立ち上げを実施。神経心理学（NLP）プロフェッショナルコーチの資格を有し、2020年12月に心理学を取り入れたコーチングを軸に、経営および人材育成領域のコンサルティングを提供する株式会社SoW Insightを起業。現在は、3社で社外取締役として経営に携わるとともに、しなやかに活躍するためのキャリアデザインやリーダーシップなどの研修・コーチングを提供している。自らの仕事と子育ての両立・海外赴任・女性幹部などの経験談と神経心理学に基づく研修は、ポジティブな気持ちを引き起こすと定評がある。東京大学では、VRを活用し自らの体験を通して、他者の視点を学び共感を生みだすアンコンシャス・バイアスへの取り組みを進めている。本書が初の著書。
伊藤忠食品株式会社 社外取締役、フォスター電機株式会社 社外取締役、UBE三菱セメント株式会社 社外取締役、東京大学未来ビジョン研究センター 客員研究員

しなやかな心《こころ》とキャリアの育《はぐく》み方《かた》

2023年1月11日　初版発行

著　者　　中条 薫

発行者　　小早川幸一郎

発　行　　株式会社クロスメディア・パブリッシング
〒151-0051 東京都渋谷区千駄ヶ谷4-20-3 東栄神宮外苑ビル
https://www.cm-publishing.co.jp
◎本の内容に関するお問い合わせ先：TEL（03）5413-3140／FAX（03）5413-3141

発　売　　株式会社インプレス
〒101-0051 東京都千代田区神田神保町一丁目105番地
◎乱丁本・落丁本などのお問い合わせ先：TEL（03）6837-5016／FAX（03）6837-5023
（受付時間10:00～12:00、13:00～17:30 土・日・祭日を除く）
service@impress.co.jp
※古書店で購入されたものについてはお取り替えできません
◎書店／販売会社からのご注文窓口
株式会社インプレス 受注センター：TEL（048）449-8040／FAX（048）449-8041

印刷・製本　　株式会社シナノ

ISBN 978-4-295-40782-9　C2034